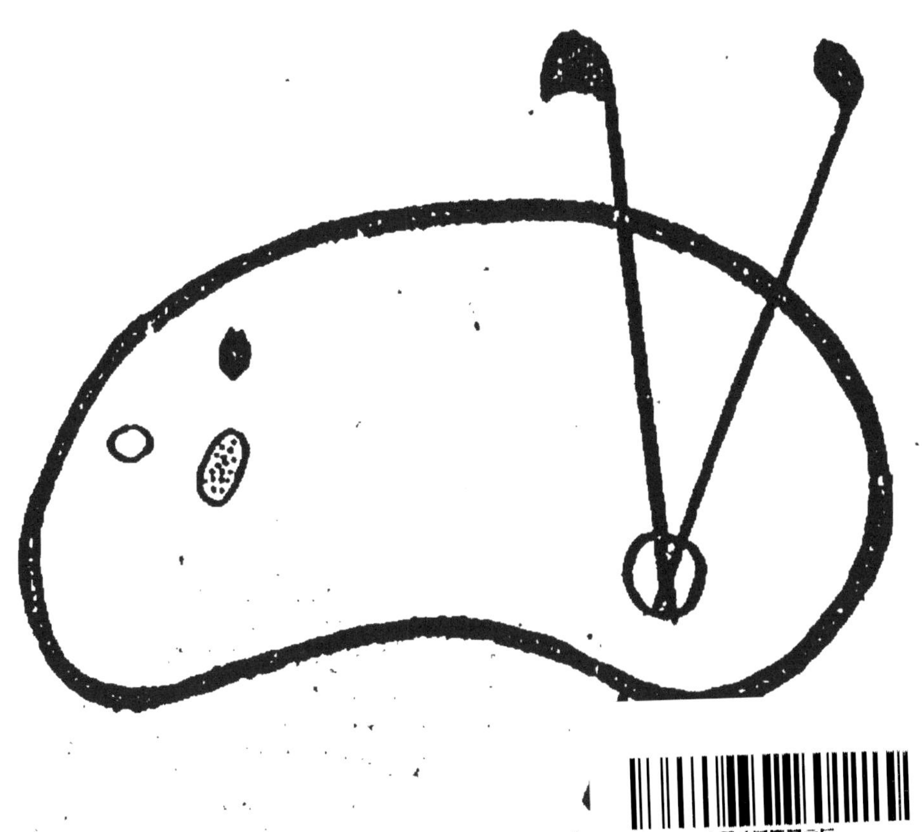

H.-L. JAMMES
Ancien directeur de l'École royale cambodgienne de Phnompenh,
Rédacteur en chef du *Courrier de Saïgon*.

Au Pays Annamite

NOTES ETHNOGRAPHIQUES

PARIS
AUGUSTIN CHALLAMEL, ÉDITEUR
17, RUE JACOB

1898

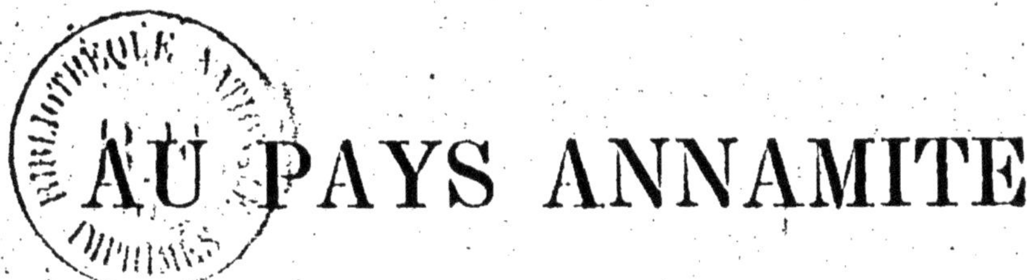

AU PAYS ANNAMITE

Douze exemplaires numérotés ont été tirés sur papier de Hollande de Van Gelder.

MACON, PROTAT FRÈRES, IMPRIMEURS

H.-L. JAMMES
Ancien directeur de l'École royale cambodgienne de Phnompenh,
Rédacteur en chef du *Courrier de Saïgon*.

Au Pays Annamite

NOTES ETHNOGRAPHIQUES

PARIS
AUGUSTIN CHALLAMEL, ÉDITEUR
17, RUE JACOB

1898

AU PAYS ANNAMITE

I

LA BASSE COCHINCHINE

Ce que vaut cette colonie. — L'exportation des riz. — Le travail des rizières. — Le bonheur d'un peuple. — La Cochinchine en temps de guerre. — Les espérances pour l'avenir.

Au moment où le continent asiatique devient pour toutes les nations civilisées un centre d'attraction et de convoitise; au lendemain des récents événements que l'ingérence de l'Allemagne a suscités en Chine, il serait, croyons-nous, impossible de trouver encore en France un seul homme capable de méconnaître l'importance de nos possessions en Extrême-Orient.

Parmi ces dernières, la Basse Cochinchine, la plus ancienne et, relativement, de beaucoup la plus riche, attire par sa situation exceptionnelle les regards des partisans de notre expansion.

C'est de cet intéressant petit pays que j'entretiendrai le lecteur au cours de cette étude.

Ce pays, on le connaît fort peu en France, et même ceux qui l'habitent ignorent-ils, pour la plupart, tout ce qu'il est capable de fournir.

Je l'ai parcouru dans tous les sens, j'ai traversé les plaines fécondes, dont le limon des alluvions séculaires attend l'agriculteur persévérant et fidèle, au bord des futurs canaux d'irrigation.

J'ai aussi traversé ses incomparables forêts au sein desquelles, depuis 30 ans, l'imprévoyance taille ses coups de hache, sans assurer la réserve prochaine à nos successeurs.

J'ai vu, enfin, ces merveilleux terrains mouvants, qui s'allongent tous les ans sur les bords de la mer de Chine, ces plaines de boue noirâtre, où les riz acquièrent une telle hauteur et une telle force que la tige est incapable de supporter les épis.

Cinq millions d'hectares mesurés par les géomètres du cadastre et que les lignes géodésiques de la triangulation générale vont enfin mathématiquement couvrir de leurs réseaux.

La Cochinchine produit, bon an, mal an, dix à douze millions de piculs de riz destinés à l'exportation; huit autres millions de piculs restent dans le pays pour être consommés sur place.

Ces vingt millions de piculs[1] valent cinquante millions de dollars!

Nombreux sont les autres produits qui sortent, comme par enchantement, de ces terres marécageuses; mais parlons simplement de cette humble graminée, source de notre richesse, classée par dérision, sans doute, dans la liste des cultures pauvres par les livres des théoriciens agriculteurs.

Ces vingt millions de piculs de riz sont demandés presque sans travail à la terre, à tel point qu'un paysan français transporté subitement en Cochinchine ne voudrait jamais croire qu'un ramassis pareil d'enfants, de vieillards et de femmes, a fait pousser, en un espace de temps si restreint, un cube de grain si formidable.

Mais cet étonnement passager n'est pas le seul qui attend le voyageur; parcourez la plaine au moment où le Mékong, mère des

1. Le picul est une mesure chinoise qui vaut 60 kilogrammes environ.

fleuves, enflant ses puissantes mamelles, déverse avec la crue bienfaisante son limon fécondant.

La plaine couverte d'herbes touffues disparaît sous une mer de verdure; après la saison sèche, le feu allumé aux quatre coins des rizières laissera le sol libre et nu comme la main.

Quand l'inondation, avec sa majestueuse lenteur, se retirera laissant un sol attendri, aux lieu et place d'une argile durcie, aux aspects de brique cuite, une couche noirâtre déposée par les eaux du grand fleuve s'étendra, uniforme, jusqu'aux confins de l'horizon.

C'est à ce moment que dans les campagnes annamites, les femmes, les enfants et les hommes valides secouent leur torpeur orientale, pour se disperser dans la plaine, la ceinture garnie de jeunes plants de riz.

Un agriculteur tombé du ciel demanderait comment et de quelle façon les paysans annamites ont préparé leur terre.

On se hâterait de lui répondre avec un sourire que la terre n'a jamais été préparée.

En effet, dans cet étrange pays, la charrue est un instrument inconnu, la bêche seule y sert à creuser des canaux pour irriguer les rizières [1].

Dans ce pays, on ne travaille pas, on plante, de-ci, de-là, comme on sème en Europe, et on récolte deux mois après. Voilà tout. Le reste de l'année, on se repose, on fabrique des enfants qui planteront plus tard et feront verdir à leur tour les campagnes, on joue du violon, de la flûte et du... *baquan*, sorte de jeu très attrayant, au moyen duquel les Chinois prennent les belles piastres aux Annamites, ces belles piastres gagnées si facilement. Et c'est tout! Ce n'est pas plus malin que cela, et le radical socialiste, M. Doumer, verra, s'il veut, la solution d'un grand problème, en parcourant la Cochinchine. Je suis sûr que s'il arrive à comprendre les Annamites, le gouverneur général de l'Indo-Chine se fera, des grandes théories européennes, une bien triste opinion.

Prenons un sampan dans lequel nous

1. Il s'agit ici des dix ou douze provinces soumises au régime des inondations périodiques du Mékong. Dans les pays élevés, les indigènes préparent leurs terres à l'aide d'une charrue minuscule traînée par des buffles. Néanmoins, le travail des rizières se fait sans grand effort.

allons mettre pour trois ou quatre jours de vivres et, vogue la galère, partons, si vous voulez, en exploration dans la province de Cantho.

A droite et à gauche du petit cours d'eau profond qui porte notre nacelle, des maisons coquettes et bien bâties, noyées dans un fouillis de verdure, abritent une fourmilière d'enfants.

En franchissant le seuil de ces paisibles demeures, un air de bonheur et de vie tranquille pénètre l'observateur. Ces gens-là sont heureux, on envie leur sort et leur fortune. Ils sont tous riches, et le coffre-fort dernier modèle, qui trône au milieu de la pièce principale, est une preuve de l'aisance de ce foyer patriarcal.

Nous marchons trois jours durant, et pendant trois jours le même tableau se renouvelle. Nous sommes dans un Eden, dans un pays de rêve où tout le monde est heureux d'être, de vivre et où la richesse vient sans efforts. Les plaines succèdent aux plaines, l'horizon s'éloigne toujours monotone, reculant sans cesse sa ligne grise jusqu'aux confins du ciel.

Ici la rizière finit, attendant le canal futur qui viendra donner la vie à cette terre extraordinaire ; elle ne manque que de bras d'enfants pour recevoir le grain.

Un paysan nous fait la question suivante : « Pourquoi le gouvernement ne creuse-t-il pas des canaux dans la plaine, comme autrefois le gouvernement annamite, afin que nous puissions planter ? »

Et voyez si ce pays est extraordinaire. Dans cette plaine à perte de vue que seuls les vols innombrables d'aigrettes blanches sillonnent, un canal d'un kilomètre met exactement deux cents hectares en valeur sur chaque bord. Je parle d'un petit canal, d'un *rivulet* qu'un gamin enjambe, profond d'un mètre seulement. Creusez le canal et demain l'indigène fera sa récolte sans charrue, sans bœufs, sans labour.

Dix arrondissements aussi grands que des départements français sont dans ce cas. Les millions de dollars attendent le petit cours d'eau qui les canalisera dans nos caisses.....

Et le Tonkin nous prend notre argent !

*
* *

Un chef de village me disait, un jour, que l'exportation doublerait en trois ans si le gouvernement voulait faire un léger sacrifice.

Il suffirait, ajoutait-il, de voter une somme de deux millions qu'on remettrait aux villages pour creuser à travers les plaines non défrichées des canaux d'irrigation. Une prime accordée aux groupes les plus actifs inciterait les indigènes à la culture extensive.

Et dire que cinq cent mille piastres ainsi jetées sur cette terre incomparable produiraient au centuple au bout de trois ans. Le moyen est infaillible; le gouvernement a intérêt à creuser gratuitement des canaux sur les domaines qu'il concède. L'instrument de réussite est mis directement entre les mains du propriétaire par le donateur.

Il faut venir en Extrême-Orient, dans ce merveilleux pays dont la France ignore la richesse, pour voir de tels paradoxes réussir.

La plaine des joncs prépare en silence ses millions d'hectares; déjà plusieurs chefs de province ont ouvert un réseau d'artères dans ce bloc instable d'humus. Il a suffi à deux Annamites importants d'enlever le trop plein humide d'une cuvette, pour se tailler un domaine de trois mille hectares d'étendue. Total : cent mille francs de rente, avec dix mois d'un facile travail.

Dans les plaines de Camau, au bout de ce mystérieux arrondissement de Baclieu, connu seulement depuis dix années, trois cent mille hectares sont disponibles. Les indigènes attendent que l'administration construise des voies de communication pour les mettre en valeur. Voilà un million de piculs pour la réserve, dès que ce canal indispensable, réclamé à cor et à cris par les populations annamites, sera terminé[1].

Ici les choses tiennent du prodige.

Le projet, une fois décidé, l'administrateur mobilise les chefs des villages ; à travers les marécages de la plaine, un canal large de vingt mètres, capable de porter les grosses jonques, doit être creusé en moins d'un mois.

Sur un signe des préfets de l'endroit, cent mille travailleurs se mettent en route ; au bout de trois semaines, dix-huit mille mètres de voie navigable sont ouverts au commerce intérieur.

Le canal de *Baixau*, près *Soctrang*, qui fait communiquer ce centre producteur avec la grande artère fluviale, a quarante mètres d'ouverture au sommet des berges. Les énormes

1. Nous ne parlons pas ici du Tonkin, pays d'avenir il est vrai, mais un peu différent de la Basse-Cochinchine. Dans le delta du fleuve Rouge, l'influence des milieux a produit sur la race annamite des caractères spéciaux que nous noterons un jour.

jonques de Cholon qu'on voit amarrées aux quais de la ville, ces gabarres de cent soixante tonnes (deux mille six cents piculs) y passent chargées à couler bas.

Ce canal, qui a près de vingt kilomètres, fut creusé en vingt-six jours par les habitants de la région. Cent vingt mille travailleurs vinrent installer leurs actives fourmilières, pour éventrer la rizière dans la zone la plus fertile de la colonie. Depuis, les terres ont triplé de valeur à cent kilomètres à la ronde.

Et le (nha qué)[1], qui a fini par comprendre l'importance de l'épargne, remplit les jarres de grès de beaux dollars.

Demain, pour une raison quelconque restant incomprise du plus grand nombre, le gouvernement lancera, peut-être, un édit pour doubler les impôts. L'indigène payera sans murmurer et saura trouver ce qui lui manque. Jamais le porteur de contraintes n'opère de descentes au sein de ces populations tranquilles, qui ont élevé leurs institutions familiales et communales à la hauteur d'un principe de vertu. L'Etat qu'ils ne connaissent pas est une personne morale sacrée,

1. Les annamites appellent ainsi le paysan, le terrien des campagnes. C'est presque un terme de mépris dans la bouche des citadins.

au plus haut point respectable. Quand il parle, son verbe est d'or. Hier, l'État inventait le papier timbré. A l'avenir tout indigène trafiquant ou testant ne pourra écrire ses actes publics ou privés que sur la feuille officielle.

Total : cent vingt mille dollars de revenus pour l'État ! Personne n'a bronché ; les Annamites se disputent le cachet gouvernemental, qui brille en reflets polychromes sur le papier parcheminé de la gabelle. Demain, cet impôt étendu aux actes administratifs, judiciaires ou autres, produira trois cent mille dollars ! Personne ne dira mot ! L'Annamite payera et, sur son dos de caoutchouc, l'Etat étirera à loisir la taille des impôts élastiques. Ces choses, qui sont la vérité même, font rêver.

Quand un Français voyage pour son plaisir ou son instruction dans les campagnes, il demande toujours, de la façon banale, si les affaires marchent à souhait.

— Les affaires ? Elles ne sont pas bien brillantes, les fonds sont rares, on paye partout difficilement. Dans ce village obscur, perdu au fond des plaines, demain un Chinois marchand de toutes choses viendra installer ses *ambulatoires* trafics.

Le *baquan* est ouvert et les piastres abondent. Elles sortent de terre, des bambous fendus à coups de hache, devant la case, par le chef de la maison. On n'avait jamais vu autant d'argent dans la région, mais d'où viennent ces milliers de piastres?

Pays extraordinaire, en vérité, que seuls les Chinois savent exploiter.

Vous parlerai-je de ce peuple obéissant, plié à des lois aussi judicieuses que sages, par les atavismes séculaires d'une race en progrès?

Vous dirai-je encore tout ce qu'a produit d'étonnement, chez les observateurs attentifs, cette vertu du foyer, cette cohésion familiale qui furent, au début de notre conquête, le secret de nos rapides succès?

Il n'est pas de peuple policé à la surface de l'univers qui ait possédé, à un plus haut degré, l'amour des libertés communales. Cette vérité s'impose si fortement d'elle-même, qu'en recherchant, en Annam, l'origine du fonctionnement politique on se demande avec angoisse pourquoi des peuples comme le nôtre ont versé tant de sang pour essayer d'arriver à ce but.

En Annam, l'État, personne morale placée au-dessus de toutes les conventions humaines, inspire aux populations indigènes un respect ressemblant à la vénération.

Au moment des versements de l'impôt foncier, les foules s'ébranlent au sein des campagnes et se guident au bruit du tamtam. Dans les villages qui se respectent, un propriétaire croirait déchoir, sa réputation en souffrirait fortement aux yeux de ses pareils, si ses charges prévues par la loi n'étaient intégralement acquittées aux caisses publiques. Les sept à huit millions que représente l'impôt foncier des Annamites sont versés au trésor de la France, comme par enchantement. Le respect des coutumes ancré dans les cervelles pousse les propriétaires du sol à payer les redevances, sans discussion et sans conteste, comme si le roi, seul maître de la terre, adressait à chaque sujet corvéable un appel sans recours. Dans certains centres producteurs il est inouï, de mémoire d'homme, qu'un travailleur ait refusé de payer sa taille au chef de la nation. En trois jours, si l'Etat l'exigeait, la totalité des fonds serait recueillie par les maires des villages, dirigés par les autorités des centres, par les phus ou préfets indigènes, qui eux-mêmes relèvent du gouverneur de la province, expression suprême du pouvoir. Au-dessus, plane, comme une divinité invisible, l'auguste visage du monarque dont, par une coutume religieuse et atavique, il est expressément défendu de peindre les traits.

Cette immense étendue de territoire plus grand encore que les provinces algériennes organisées administrativement par la France — désert non compris — ont coûté cent fois moins à notre budget et à notre sang que notre conquête africaine.

A peine si quatre ou cinq mille hommes jugulèrent en trois années la rébellion fomentée par la cour de Hué.

Les amiraux comprirent heureusement tout le parti que pouvait tirer la défense, de ces merveilleux réseaux de voies navigables, sur lesquels les canonnières, alors très rares, se déplaçaient comme des forteresses flottantes.

Les rebelles ont disparu ; depuis vingt ans, la paix est complète et les bienfaits de l'organisation française se sont fait rapidement sentir.

Mille à douze cents hommes, environ, tiennent ces deux millions d'habitants tout absorbés dans leurs travaux et leur existence familiale. Pourquoi fomenteraient-ils des révoltes ? Ils sont si heureux !

*
* *

Des fleuves d'une incomparable beauté permettent aux grands vapeurs de remonter leurs cours jusqu'à près de cinq cents kilomètres. Sans la barre du Mékong, au *Cuatiêu* (petites portes, en annamite), les grands paquebots des Messageries maritimes et les énormes cuirassés de notre flotte pourraient venir mouiller devant Phnompenh, Battambang, Kratié et Angkor-la-Grande, pendant quatre ou cinq mois de l'année que dure l'inondation.

Le préfet annamite, qu'un brevet du Président de la République investit du titre honoraire de vice-roi, en raison des services éminents rendus par lui et les siens à la France, proposait au Gouverneur de creuser à travers la plaine un canal de seize kilomètres, capable de porter nos paquebots ! Le Gouverneur, imbu des grands principes de 89 et des *libertaires droits de l'homme*, trouva injuste, ou déplacé, d'imposer une corvée de vingt-cinq jours à ce peuple éminemment taillable et corvéable, depuis les premiers instants de l'ère annamite, il y a près de mille ans[1] !

1. « Donnez-moi carte blanche, disait au Gouverneur

Et voilà la raison pour laquelle les grands vapeurs passent le bras de mer pour entrer dans le fleuve *Mékong* ou *Cambodge*, par une des nombreuses bouches en aval de Mytho.

Trois de nos bateaux balisent de leurs épaves lamentables la route maritime qu'un annamite voulut un jour supprimer, sans qu'il en coûtât un sou à la Cochinchine. O grands principes de 89 !

La Cochinchine est peut-être la seule colonie qui pourrait se suffire en temps de guerre et qui serait mise en état de défense pour de longs mois. Son sol fécond fournirait à ses habitants une nourriture plus qu'abondante.

Dans ses forêts immenses, le soleil fait pousser en une semaine de quoi chauffer pendant un an une flotte de cuirassés.

Nous pourrions même construire des navires, fondre des canons et faire des torpilleurs, grâce aux admirables ressources de

de l'Indo-Chine, le Tong-doc-Loc de Caïbé, et je vous livre, en deux mois, sans qu'il en coûte un sou à la colonie, un vrai canal maritime, capable de porter vos paquebots. » Le Tong-doc-Loc est un des plus intelligents hauts fonctionnaires annamites. Il vit aujourd'hui retiré sur ses terres de Caïbé.

notre industrie locale. La montagne de *Compong-soai*, au nord du Cambodge, fournit un fer magnétique supérieur aux meilleurs fers de Suède. Les indigènes le ramassent à l'état natif à la surface du sol et l'exploitent dès la plus haute antiquité.

Cherchez un pays offrant des ressources pareilles et comprenez, aujourd'hui, la démence de ceux qui, par des lois atrocement fausses et détestables, cherchent à le ruiner.

Que de choses pourrais-je encore ajouter à cette riche nomenclature !

La race annamite est en progrès d'une façon effective !

La natalité prend, en effet, avec l'hygiène, des proportions remarquables que j'esquisserai un jour.

Ce petit spermatozoïde annamite, auquel appartient l'avenir de la grande presqu'île indo-chinoise, possède une vitalité prodigieuse, qui étonnera nos successeurs.

Laissons donc le temps, ce grand maître de nos destinées, accomplir lentement ses merveilles et luttons généreusement contre les ennemis de ce beau pays, ennemis ignorants et ladres dont l'union qui fait la force aura raison un jour. Nous avons le droit d'avoir confiance !

II

LE MÉKONG ET LA PLAINE DES JONCS

Le Mékong et ses inondations périodiques. — Son cours immense. — Le Tonlésap. — La pêche au grand lac. — Les îles du Mékong. — La plaine des joncs. — La réserve future. — L'avenir agricole en Cochinchine. — Un voyage dans la plaine inondée. — La mer de vase. — La tortue et la province de Tanan.

L'inondation du Mékong marquera, cette année 1897, dans les annales religieuses du Cambodge, car une crue abondante est toujours considérée par les habitants des campagnes comme un don du ciel. Depuis quatre-vingts ans, le fleuve majestueux n'avait pas ouvert ses portes toutes grandes et les vieillards assurent que de mémoire d'homme la Mère des fleuves n'a jamais porté si loin la limite de ses eaux.

A ce mot d'inondation, l'habitant d'Europe lève tristement la tête; dans son regard, un éclair d'épouvante jaillit. Le spectacle des sombres jours de ruine et de malheur revient subitement à sa mémoire, et la montée des cadavres roulés par les ondes furieuses dresse son sinistre tableau.

En Extrême-Orient, au sein des plaines fertiles, le paysan juché dans sa case contemple en philosophe le développement des eaux. Sur son plancher mobile, qu'il exhausse ou descend suivant les caprices de l'étiage, le Cambodgien et l'Annamite riverains du grand fleuve se moquent de l'inondation, ou plutôt ils la désirent, et ce qui est une source de ruine pour les autres devient pour eux une source d'abondance, aux beaux jours de la moisson.

Je vais faire entrevoir à mes lecteurs les bienfaits de ce père nourricier de l'Indo-Chine, dont la richesse inépuisable pourrait entretenir autant de monde qu'en abrite le vieux continent.

Sans lui, la mort et le désert se disputeraient la prépotence en Indo-Chine, et quand il refuse d'étendre au loin ses grandes ailes humides, chargées des présents de l'automne, les budgets des pays qu'il baigne de ses ondes limoneuses serrent la bourse de leurs dépenses ou de leurs provisions.....

*
* *

Le Mékong prend, comme on sait, sa source au pied des contreforts orientaux de la chaîne thibétaine, sur un plateau au sommet duquel s'étend, limpide et tranquille, un petit lac d'argent.

C'est dans cette cuvette d'une fraîcheur incomparable que Doudard de Lagrée et ses cinq compagnons de voyage se baignèrent avec délices, après avoir terminé leur célèbre exploration.

La mère des fleuves, toute petite à ses débuts, murmure doucement à travers les rochers de la chaîne, pour grandir dans la plaine au fur et à mesure de son cours.

En traversant le Yunnam et en pénétrant sur nos territoires, le fleuve commence à devenir redoutable, grossi qu'il est par un nombre considérable de cours d'eau.

Il pénètre en conquérant sur la terre du Laos, en séparant deux énormes montagnes et en roulant à leurs pieds de gigantesques rochers. C'est une prise de possession, une espèce d'entrée en matière, qui s'impose, comme si la nature pénétrée de son rôle voulait lui donner conscience de sa force et de sa mission civilisatrice sur les domaines qu'il va conquérir.

Pour lui, les barrages ne sont qu'un jeu ; il reçoit en passant les hommages des rivières vassales pour se lancer, comme les géants de la fable antique, à l'assaut des rapides et des murailles de granit.....

Sur deux mille kilomètres de cours, il étendra ses eaux majestueuses au sein de cette tranquillité, de ce silence religieux de la nature, entre ses berges luxuriantes, que troublent seuls le bruit cadencé de la rame, ou le gazouillement matinal des oiseaux.

Depuis un an, le sifflet des bateaux à vapeur, lancés sur le bief supérieur, grâce à un tour de force de l'industrie moderne, et grâce aussi, il faut le dire, aux quelques hommes de savoir et d'énergie qui ont guidé les opérations de transbordement, le sifflet des vapeurs réveillera de leur torpeur les populations indifférentes. Ils sont, eux, instruments dociles entre nos mains, les plus sûrs auxiliaires de notre conquête.

Saluons le vapeur qui glisse silencieux sur les flots du Mékong, laissant flotter derrière lui les plis protecteurs des couleurs nationales !

*
* *

Le Mékong arrive aux chutes de *Không*, après avoir balayé les rochers de *Kemmarat* et s'être ménagé un passage entre deux hautes berges granitiques, aux approches du poste de *Bassac*.

Le voici chez lui, dans son élément, sur la terre même de ses exploits, qu'il enrichit et exhausse, tous les ans, de ses alluvions fécondantes. Tous ces apports immenses, emprisonnés dans ses eaux, nous sont destinés; c'est ce royal cadeau que le Mékong présente à l'époque des crues, aux populations de la basse Indo-Chine. Ce qu'il apporte dans les plis de sa robe, il l'a pris au passage à d'autres moins privilégiés que son cours appauvrit.

Le Mékong n'est vraiment roi que lorsqu'il a pénétré sur les territoires du Cambodge, dans cette patrie antique des Khmers qu'il tint, autrefois, sous ses lois.

Le souvenir de ses bienfaits n'a pas totalement disparu encore, et chaque année, à pareille époque, le pâle descendant d'une famille illustre donne des fêtes en son honneur.

Nous l'avons déjà dit, l'Indo-Chine sans le Mékong serait un pays de larmes et de ruines. Si certains peuples ont vu à travers l'histoire leur soleil pâlir et leur puissance décroître, rappelons-nous ce que furent, il y a vingt ou trente siècles, les architectes qui bâtirent Ang-kor. N'oublions pas qu'à cette lointaine époque, des millions, peut-être des centaines de millions d'hommes vécurent sur ses bords et y fondèrent de puissants empires. Le Mékong, aujourd'hui, se repose et travaille pour les populations futures. Tout ce limon fécondateur, qu'à des dizaines de lieues à la ronde le grand fleuve dépose dans les campagnes annamites et cambodgiennes, dormira pendant des siècles, en attendant une civilisation nouvelle qui saura reconnaître le prix de ses séculaires efforts.

Et pendant ce temps le Mékong roule furieusement sa masse liquide, gonflant avec précision, à chaque solstice d'été, ses puissantes mamelles qu'elle épuise jusqu'à la dernière goutte, dans le sein de ses enfants.

Quand, par vingt embouchures trop petites, sort le volume énorme de ses eaux, des myriades de poissons remontent jusqu'à une distance considérable et vont se créer une nouvelle famille, au fond des grandes cuvettes formées par l'inondation. Les indigènes, toujours superstitieux, prétendent que la nature compatissante attire les habitants de l'onde amère, en leur laissant croire à un prolongement de la mer dans le pays...

A ce moment, sur de vastes étendues, les plaines du bas delta se confondent avec l'horizon infini des rives marines. L'inondation recouvre aux trois quarts la zone déprimée entre Phnompenh et le Bassac. Quand l'inondation s'est retirée, laissant par endroits d'immenses flaques d'eau, vallées profondes, cuvettes à marécages, que le grand soleil se charge d'assécher, les pêcheurs tendent leurs filets et se procurent de beaux bénéfices. Au grand lac *Tonlesap*, des milliers de barques, adonnées à l'industrie de la pêche, font figurer, tous les ans, l'exportation du poisson sec, pour une valeur de six millions de francs.

Le *Tonlesap* fermé par le dos d'âne du *Veal-Phoc* rend aux poissons toute fuite impossible. La pêche miraculeuse commence, inouïe, indescriptible pour ceux qui n'ont pas assisté à ce spectable sans précédent.

D'un coup de filet dans une enceinte parquée et entourée d'une barrière en bambou enclavant parfois une surface de deux hectares, j'ai vu prendre quatre tonnes de poissons. C'est inouï ; et pourtant les barques sont trop rares, le grand lac pourrait enrichir trois fois plus de concurrents.

Parfois, une bande de joyeux dauphins passent au large, en troublant les fonds vaseux de leurs nageoires caudales, Ils lancent triomphalement un jet d'eau noire, aux rayons dorés du soleil levant. Ils peuvent passer tranquilles, les mammifères aquatiques sont sacrés pour les orientaux.

Des poissons à huile, des requins voguent traîtreusement le long des jonques. Les pêcheurs ne les épargnent guère, mais leur capture leur fait perdre du temps.

Le poisson à huile qui pèse de cent cinquante à deux cents kilogrammes est de meilleure prise ; ses filets séchés au soleil, sa vessie natatoire sont recherchés des gourmets chinois qui les payent un bon prix.

Mais c'est surtout dans les plaines du bas delta que le fleuve colosse donne la plus forte impression de sa richesse et de sa puissance. Les provinces fortunées de *Cantho*, de *Longxuyên*, de *Soctrang*, etc. (ce grenier inépuisable de la Cochinchine) récoltent sans préparation, sans travail de la terre, le fruit de leurs bienfaisantes moissons.

Dans ces heureuses compagnes annamites, la charrue est inconnue ; le buffle et le bœuf, si indispensables en d'autres pays, sont des animaux inutiles, la nature se chargeant elle-même de préparer la terre aux cultivateurs; dès que les eaux se sont retirées, laissant à découvert les plaines fertiles, une couche noire de limon s'étend uniforme, sur toute la région.

Au moment du repiquage du riz, les femmes et les enfants des villages, les bouches inutiles des campagnes, passent en chantant dans les plaines, tout en piquant, dans la boue immonde, les paquets de graminées qu'ils tiennent dans leurs mains.

Deux mois après, une mer de verdure, des champs dorés ondulant sous la brise, ont remplacé l'étendue monotone qu'offrent, pendant la saison pluvieuse, les plaines inondées du delta. Les indigènes ont travaillé juste un mois pour récolter une abondante moisson qui, sous d'autres cieux, réclamerait bien des peines. Etonnez-vous donc maintenant de l'insouciance des Annamites et comparez la somme de bonheur que goûtent ces populations enfantines sous leur toit de chaume rustique, avec l'écœurante impression offerte au voyageur par l'existence journalière des centres industriels et le tableau de nos misères sociales.

Cherchez un pays où le grand problème

soit mieux résolu que chez les Annamites, trouvez une artère, un fleuve qui charrie sur ses eaux féconde plus d'aisance et de bonheur!.....

Et pendant qu'au loin les provinces sèment et récoltent, pendant qu'au sein de ses alluvions pleines de promesses, le cultivateur trouve sans peiner la douce médiocrité familiale, le Mékong poursuit sa course furibonde, à travers ses quatre mille kilomètres de route, coupant les chaînes de montagne, créant et emportant, tour à tour, des îles immenses sur lesquelles comme *Kâthom* à *Câ-Su-tim* et à *Og-nia-tey*, Cambodge, des dix et vingt mille individus vivent presque sans travail.

J'ai vu, pendant un séjour de dix ans dans ce pays, des îles de deux et trois kilomètres de long se former en deux crues, se couvrir d'une flore luxuriante, et disparaître en deux saisons aussi vite qu'elles étaient venues.

Entre *Kratié* et Phnompenh, des îlots de verdure flottent parfois, encombrant le fleuve, s'unissant à d'autres îles minuscules, qui, arrêtées par un banc de sable, formeront demain peut-être un domaine d'une étonnante fertilité. Le domaine aura vingt ans d'existence, mais il aura permis à de nombreuses familles de vivre, quand rongé par la base, les courants foudroyants du fleuve l'emporteront au loin.

Les berges du Mékong offrent, d'année en année, des changements tels, qu'un hydrographe refuserait, après un temps restreint, de s'y reconnaître. A la hauteur de *Banam*, des kilomètres entiers de berge sont désagrégés par le courant. Tantôt la rive droite, tantôt la rive gauche sont emportées au fil de l'eau, au cours de ce balancement séculaire, qui mieux que tous les topographes, régularise les limites naturelles et politiques d'un pays.

Sadec, la belle le, pays des jolies femmes, le harem où chaque année les empereurs Annamites faisaient recruter leurs houris, cet incomparable Eden de l'Indo-Chine, paye un tribut énorme au minotaure qui emporte une partie de ses rivages enchanteurs. Où s'arrêtera cette dévastation ?

Dans combien d'années, le chef-lieu, situé actuellement à sept mille mètres des berges, baignera-t-il ses pieds dans le Mékong ?.....

Si les érosions continuent à se produire, un simple calcul d'observation permet d'assigner à ce travail hydrographique une durée moyenne de cinquante-cinq à soixante ans.

Il se peut, toutefois, que la loi des compensations et des balancements séculaires, produits par les inévitables changements de courants, portent, dans une zone opposée, les efforts titanesques de ce fleuve dont la largeur atteint à cet endroit deux mille cinq cents mètres au fort de l'inondation.

Étrange fleuve, artère extraordinaire, exubérante de vitalité !

C'est de ses mamelles nourricières et fécondes que viennent les ressources commerciales dont l'exportation grandissante enrichit la colonie.

La France a mis la main sur un magnifique domaine. Que ceux qui l'exploitent et le dirigent comprennent le degré d'activité et de puissance qui nous est fourni par le plus étonnant des cours d'eau du monde : le fleuve Cambdoge, ou Mékong !

*
* *

La plaine des joncs s'étend entre les confins de la province de Cholon, jusqu'aux arrondissements limitrophes des provinces occidentales. C'est une vaste dépression naturelle, qui, suivant la ligne médiane du delta, s'étend sur une grande partie des territoires de Tan-An de Mytho, de Vinh-Long, pour s'infléchir plus loin, vers les régions nord de la Basse-Cochinchine. Cette dépression fut vraisemblement, selon les hydrographes, le lit d'un fleuve ou d'un immense lac intérieur aux époques de la formation du delta. Les centaines de mille hectares noyés sous les vases mouvantes de ce lit disparu constituent, au dire des connaisseurs, la partie cultivable la plus riche de notre colonie indo-chinoise. Un avenir prochain nous dira, sans doute, si les prévisions optimistes des vieux administrateurs et des ingénieurs hydrographes doivent être prises au sérieux. Pour nous qui jugeons les faits d'après les progrès accomplis et qui suivons avec intérêt la marche en avant de l'agriculture cochinchinoise, les espérances que fondent sur cette région les hommes compétents de notre domaine ne sauraient en aucune manière être taxées d'exagération. Les faits viennent heureusement corroborer, en ce moment, les tendances pratiques de notre agriculture.

*
* *

Ainsi que nous venons de le présumer, la plaine des joncs fut formée, autrefois, par la cuvette d'un immense lac intérieur, ou plutôt par le lit d'un fleuve puissant, qui subit de lents déplacements à travers les âges.

Embarquons-nous sur les rives du *Rach-Tra*, petit cours d'eau situé au nord de la province de Saïgon, sur une de ces légères nacelles appelées *ghê-xuong* par les indigènes.

Ici la dépression commence, et c'est dans cette zone déprimée que vient mourir insensiblement la dune de sable fin sur laquelle est bâtie la partie haute de Saïgon et qui se prolonge vers le nord-est sur une étendue de quarante kilomètres. C'est dans les couches arénacées de cette dune providentielle que la nature tient en réserve, pour les générations futures, la nappe d'eau potable qui fait vivre Saïgon.

Dirigeons notre nacelle vers l'ouest en observant attentivement les tableaux trop uniformes du paysage.

Nous sommes aux hautes eaux et, sur la plaine inondée, émergent çà et là les touffes de quelques palmiers palustres. L'arroyo se resserre peu à peu pour se confondre vaguement avec l'étendue. N'était la tranquillité de la nappe immobile, on se croirait sur une mer sans rivages, tant la ligne verte se prolonge dans le lointain, à l'infini.

Des touffes d'ajoncs, a demi submergées, coupent, par endroits, la monotonie de la nappe liquide, nous indiquant que la profondeur presque uniforme n'est jamais considérable sur cet immense lac d'argent.

Passons la frontière de l'arrondissement de Mytho en pourfendant, avec la proue de notre esquif, les îles flottantes de verdure, qui naviguent au gré des vents ou des courants, comme ces algues vertes des mers du sud, messagères des prochains rivages.

A Tan-An la plaine s'infléchit vers le nord pour laisser émerger les précieuses rizières de cet arrondissement, un des plus riches de la Cochinchine.

Le village de *Moc-Hoa*, que nous visiterons à notre retour, semble noyé au milieu de la plaine humide.

Gagnons le centre de la cuvette pour franchir les limites qui séparent Mytho de Tan-An. Partout des ajoncs verts, réunis en touffes puissantes, toujours des ajoncs! La prairie du *Farwest* semble se marier avec l'éternelle monotonie d'une mer immense. Toujours des herbes flottantes, toujours des ajoncs.

Le soir, au coucher du soleil, des légions dévorantes d'insectes suceurs rompent le silence de la plaine. Un bourdonnement indescriptible, qui ressemble au roulement lointain d'un train en marche, suit l'esquif léger, à travers la verdure mouvante sous le remous.

La position devient intenable, et sous leurs moustiquaires doublées de lustrine, les bateliers s'enfouissent sans songer à autre chose qu'à dormir. Dans les bouquets épars, des théories de lucioles vertes chantent en cadence leur silencieux poème à la nuit.

L'horizon en est couvert, les eaux en charrient des myriades sur les glèbes phosphorescentes, qui cherchent un haut fonds d'atterrissage, pour contribuer à l'exhaussement de la région. Etrange musique, en vérité, capable de tenter la verve d'un poète épris de sensations nouvelles, au sein de la nature endormie.

Au milieu de la nuit sereine, et à des distances inconnues, l'insecte lumineux donne l'impression d'une chose intelligente, qui obéit à quelque volonté invisible, venue on ne sait d'où. Les groupes se répondent au loin, chantent leur hymne en cadence; on sent qu'un chef est là, qui les guide dans leurs ensembles, tellement régulières sont leurs émissions. L'immense palpitation phosphorescente disparaît, comme par enchantement, aux premières lueurs de l'aube, dès les rayons naissants du jour.

Sous la quille du bateau, des coassements partis des profondeurs indiquent que, dans cette boue chargée des richesses du passé, la vie grouille triomphante. C'est le poisson-crapaud ou le poisson-grenouille (*con ca cap*, *con cah et* des Annamites), dont les bruits sont familiers aux habitants des rives du grand fleuve, dans les provinces de l'Ouest.

La carène métallique des bateaux à vapeur au mouillage amplifie leur résonance. Les anciens prenaient ces poissons-crapauds pour les conques d'Amphitrite née de l'écume des eaux !

Mytho, Bentré, Vinh-Long sont tributaires de l'immense plaine.

En suivant le tracé de nôtre chemin sur la carte, nous nous apercevons que nous avons dessiné une ligne sinueuse, un *S* gigantesque, semblable aux méandres d'un fleuve. Le quatrième jour, l'eau change de couleur. Le Mékong coupe, par endroits, sans y mêler ses eaux, à cause de son courant de foudre, la vaste cuvette qu'il a désertée depuis longtemps Nous luttons furieusement contre un courant de trois nœuds, pour remonter vers la plaine de Banam, province du Cambodge, où s'amorce, au moment de l'inondation, *la plaine des joncs.*

C'est ici que nous observons pratiquement le grand travail de la nature à travers les âges. L'ancien lit du Mékong coupait la plaine à angle droit et filait directement vers les centres déprimés de la Basse-Cochinchine ; aux eaux hautes, les deux lits se confondent comme pour se rappeler leur ancienne origine, sur l'alluvion fécondante que le roi des fleuves a déposée lentement.

Pour nous donner une vérification certaine du fait, des jonques ailées passent rapides devant nous, sous l'effort puissant de leurs blanches voiles. Coupant droit devant elles, en aval de Banam, elles traversent, de *Crauchemar à Tanchau*, la cuvette qui relie pratiquement, pendant deux mois de l'année, ces deux points du grand fleuve. C'est la route avantageuse des contrebandiers qui veulent éviter les lignes douanières. Des trains de bois entiers, nous affirment les indigènes, y trouvent un accès facile, à l'abri des courants déchaînés.

Dans cet étrange pays, les chaloupes à vapeur voguent, pendant deux mois de l'année, sur les forêts inondées, à la cime des arbres ; le lit du fleuve devient, à cette époque, une superfétation désavantageuse, que n'emploient pas les pilotes pressés. Charmant pays assurément qui tient de la légende. Mais revenons à notre sujet.

*
* *

L'inondation du Mékong descend avec une majestueuse lenteur, laissant se dessiner progressivement la ligne des estuaires. Le lit de l'ancien fleuve apparaît alors au centre de la plaine, baigné de boue noirâtre, mine agricole pour nos successeurs. Ce lit privé d'amorces en tous lieux, coupé dans ses communications par ses exhaussements séculaires, se dessèche peu à peu. Cependant, de vastes cuvettes remplies d'eau croupissante nourrissent des tonnes de poissons de toutes espèces et de diverses grosseurs.

Nous ne reconnaissons plus l'immense plaine inondée, où deux mois auparavant nous laissions glisser notre nacelle à travers les ajoncs émergés et les îles flottantes.

La campagne a repris un aspect nouveau; des villages volants sortent de terre, dressés dans les boues croupissantes, sur des pilotis de bambou.

Des populations et une progéniture grouillante barbouillée de vase, prennent leurs ébats au bord des étangs, au fond desquels l'on voit sourdre par moments un filet d'eau limpide que la plaine avide n'a pas totalement épuisé.

Mais, est-ce bien là la plaine humide sans rivages, l'étendue monotone que coupaient naguère, ondulant sous la caresse des brises, de maigres bouquets de cactus? Dans les basses dépressions qui marquent les confins des arrondissements de Tan-An et de Mytho, des canaux naturels font déverser le restant des eaux dans les fleuves.

Bientôt les ajoncs, les cactus, les *tranhs*, les *trams* argentés, feront ressembler la mer d'autrefois à un océan de verdure. La vie réapparaît sous d'autres formes. La richesse naît, pour ainsi dire, sous nos pas.

Des vols innombrables d'aigrettes blanches, ces gracieux échassiers si estimés, qui portent des fortunes sous les ailes, forment dans la plaine un tapis immaculé. Elles sont par milliers, s'effarouchant fort peu à notre approche et cherchant, dans la boue détrempée des marécages, les poissons vermiculaires, les limaces des étangs ou le *ca-lan-tang* au ventre d'argent.

On sourit en pensant à l'élève prochaine des aigrettes que prépare dans son cerveau quelque naturaliste d'antichambre.

On se dit avec amertume que nous ne savons pas profiter de ce beau pays.

Au loin, des troupeaux d'élans, dans les hautes régions de Tan-An viennent brouter l'herbe de la plaine. Le *cervus nai*, espèce d'élan spécial à la Cochinchine, abonde dans ces parages à l'époque des basses eaux.

Dans le seul arrondissement de Tan-An, quatre cents barques s'adonnent à l'industrie de la pêche, dans les étangs qui parsèment la dépression.

Dans ce district, le poisson séché et vendu sous la dénomination de poisson du Cambodge, atteindra une valeur annuelle de vingt mille dollars.

Des milliers d'Annamites sont employés à cette pêche. Des villages de deux cents âmes adossés à quelque touffe de bambou solitaire, surgissent tout à coup devant le voyageur étonné.

Mais la rizière, où est-elle? Cherchons autour du village volant le traditionnel champ de riz.

Ici, le riz ne pousse pas, ou plutôt il pousse trop bien, puisque nous le trouvons sous nos pas à l'état sauvage, mais il ne vient pas assez vite pour être cueilli avant le flot. D'ailleurs, l'eau manquerait bientôt, car dans trois mois la vase noire du marais, au sein de laquelle s'enfonçaient naguère les perches de notre sampanier annamite, aura des résonances de brique sous les ardeurs torrides du soleil.

C'est le canal d'irrigation qui manque, c'est le déversoir salutaire, qui donnera à soixante mille hectares de la province de *Tan-An* seule, une immédiate et inestimable valeur. A Mytho, *cent vingt mille hectares* attendent le canal ou les canaux d'irrigation, pour donner un million de piculs à l'exportation saïgonnaise. Cette terre tient en réserve la richesse de l'avenir. C'est de son sein qu'un homme intelligent saura tirer l'exubérance de ce sol fertile et doubler, en un tour de main habile, le rendement de notre production. Voyez sur la carte la province de Tan-An qui ressemble à une tortue, la tête tournée vers les rivages maritimes. Jusqu'ici, la tête seule est cultivée, la carapace est inculte, occupée par la plaine des joncs.

Retournez l'animal et faites passer la partie cultivée, juste où se trouve la carapace ; en un mot, donnez au haut Tan-An ce qui abonde dans le bas : écoulement, canaux d'irrigation, et vous verrez quelle terre ! Rendez à cette plaine les veines artificielles que la nature a données au riche delta et vous assisterez à la plus étonnante des merveilles.

Une terre extraordinaire produisant au centuple presque sans travail. Celui qui réussira à mener jusqu'au bout ce plan, aujourd'hui pratique, aura bien mérité de l'Indo-Chine.

L'avenir agricole est dans la plaine des ajoncs.

III

LA CONQUÊTE DES BASSES PROVINCES

Les Chinois en Cochinchine. — Quelques mots sur l'histoire Annamite. — Ce que sont devenus les anciens habitants du delta. — Les Cambodgiens des basses provinces. — Un coup d'œil sur l'avenir.

En recherchant les origines de l'invasion chinoise en Basse-Cochinchine, j'ai dû consulter l'histoire annamite dont un extrait officiel m'est heureusement tombé entre les mains. Cette partie des annales impériales, qui englobe les quatre dernières décades du XVIIe siècle et en presque totalité le XVIIIe, traite, surtout, de la colonisation et de la conquête du delta cochinchinois.

J'affirme ici, sans détours, que j'ai passé mes plus agréables loisirs à la traduction et à la lecture de cette partie de l'histoire d'Annam. Je ne l'ai pas seulement trouvée instructive, j'ajoute qu'elle m'a ravi d'admiration pour ce peuple que nous connaissons à peine, et qui fut colonisateur aussi habile, qu'il avait été conquérant tenace et courageux.

Le caractère élevé des rois de l'Annam se révèle merveilleusement dans ces pages inspirées et dictées, sans doute, par les rapports officiels des fonctionnaires de premier rang.

Nous ne faisons pas mieux aujourd'hui, malgré les communications rapides et les moyens immenses que la civilisation européenne a mis en notre pouvoir.

A plus d'un titre, cette conquête de la Basse-Cochinchine par les Annamites, commencée effectivement vers le milieu du dernier siècle, ressemble, à s'y méprendre, à la colonisation victorieuse de l'Algérie par les Français !

Nous serions certain d'intéresser énormément nos lecteurs en traduisant, mot pour mot, le texte de la publication impériale, autrement attachante, autrement riche en événements de toutes sortes que les nombreux livres jaunes de notre diplomatie. Réservons cette étude pour plus tard et contentons-nous, aujourd'hui, de montrer les effets de l'invasion pacifique des fils du céleste empire, sur la colonisation des vertes plaines du delta du sud.

Les lecteurs un peu instruits savent qu'il

existait, anciennement, au sud du Tonkin, un grand royaume, le *Ciampa*, dont l'intervention pesa plus d'une fois dans les destinées des peuples de l'Indo-Chine. Le royaume de Ciampa, situé en deçà de *Hué*, reculait ses frontières jusqu'aux limites du Cambodge qui dut, plus tard, selon des prévisions naturelles, conquérir Saïgon et les provinces de l'est au détriment du territoire Ciampa. La disparition du peuple ciampois plane comme un mystère sur l'histoire. La science européenne possède très peu de détails sur son existence, son évolution superbe et, enfin, sur sa radiation définitive de la carte de l'Indo-Chine. Saurons-nous jamais ce que fut ce peuple ? Mon avis est que les annales annamites, très riches en documents historiques, relatifs à cette époque, combleront cette lacune.

Jusque vers le milieu du siècle dernier, les Chinois n'eurent pas le droit de séjourner en Annam sans un ordre spécial, émanant de la Cour impériale. Ceux qui étaient déjà venus s'établir dans les grands centres, comme Hué, ou en Basse-Cochinchine, ne devaient cette faveur qu'à une raison d'État dont nous allons brièvement raconter l'extraordinaire origine. Les Chinois se virent donc forcés de se soumettre à nombre de mesures coërcitives, jusqu'à ce qu'un édit de la capitale leur eût régulièrement donné accès dans le royaume des *Giaochi* (pieds fourchus).

*
* *

Voici donc comment les annales de *Hué* racontent la première invasion chinoise en Basse-Cochinchine, vers l'année occidentale de 1710.

Les Annamites avaient terrassé le *Ciampa* et, d'après un testament politique mémorable d'un grand monarque, tous leurs efforts devaient se porter vers le delta de Cochinchine qui, selon des rapports véridiques, deviendrait plus tard le grenier de réserve de l'Annam.

Tout fut mis en œuvre par les prédécesseurs de Gialong, pour arriver à jeter dans ce beau pays les bases solides d'une colonie Annamite.

Mais c'est à ce dernier empereur victorieux des *Tay-Son*, après vingt ans de luttes, que le peuple Annamite doit la possession définitive du delta.

Il paracheva l'œuvre de ses prédécesseurs de 1800 à 1820 avec une ténacité, un courage et une science dignes d'un grand homme de l'Europe.

Revenons aux Chinois et à l'événement extraordinaire qui marqua la fin du règne de l'empereur *Lé-duy-Duong*.

Un général Chinois nommé *Duong-ngan-Dich*, qui commandait les forces révoltées des *Minhs* contre *Khang-Hi*, empereur de Chine, fut battu par les armées de ce dernier et ne dut son salut qu'à une fuite précipitée. Poussé, l'épée dans les reins, par les soldats impériaux, *Duong-ngan-Dich* s'embarqua en toute hâte sur des vaisseaux trouvés dans le port d'*Amoy* et vogua sur la mer, à l'aventure. Sur quelles plages les quatre mille Chinois du général devaient-ils aborder avec leurs soixante jonques ? C'est ce que le premier homme de la troupe ignorait totalement.

Duong-ngan-Dich promit un sacrifice sans précédent au roi du Ciel, si, grâce à sa faveur, ce qui restait de l'armée des *Minhs* abordait sur une plage hospitalière. Ses vœux furent exaucés, mais non sans que la flotte désemparée eût été soumise à de rudes épreuves. Quarante jours après leur départ du port d'*Amoy*, les jonques furent assaillies par une violente tempête.

Plus de vingt navires furent détruits dans la tourmente et se perdirent corps et biens en vue de *Poulo-Condor*.

En dépit des éléments déchaînés, *Duong-ngan-Dich* ne perdit pas courage ; il résolut de lutter, quand même, contre les vents et les tempêtes, jusqu'à son dernier souffle de vie.

« Le Ciel est avec nous, s'écriait-il, quand ses hommes se laissaient abattre ! Suivons l'étoile des pôles, avec nos bateaux. »

La famine fut si cruelle, à bord des jonques, que les équipages faillirent s'entredévorer. Ils mangèrent jusqu'aux souliers de cuir détrempés dans de l'eau chaude. Les planches des embarcations, réduites en sciure, furent servis en guise de riz et de soupe aux matelots.

On allait tirer au sort pour savoir qui devait être mangé, lorsqu'un marin de l'équipage, qui dans sa jeunesse avait navigué sur ces côtes, reconnut le pays de *Nam-Ky*.

Et du haut de son poste de vigie partirent ces cris de salut et de triomphe : *Dia*, *Dia*, *Giao-chi*, *Giao-chi !* ce qui signifie en langue cantonnaise vulgaire : Terre, Terre, des *pieds fourchus ! !*

C'est ainsi que les Chinois appelaient les

Annamites, à cause de la faculté que ceux-ci possèdent de séparer le pouce du pied des autres doigts. Ce gros doigt n'est pas entièrement opposable aux orteils, mais les Annamites qui se servent de leurs pieds comme de leurs mains ont rendu le gros doigt très agile par un long usage.....

Les jonques mouillèrent dans le port de *Tourane*, après avoir exécuté de nombreux signaux de paix.

Des parlementaires se détachèrent et vinrent faire soumission devant les mandarins, gouverneurs ou chefs de la province, qui reçurent les protestations d'amitié chinoise, au nom de l'Empereur d'Annam.

Dans le rapport de son voyage, consigné aux Annales de l'empire, Duong-Dich termine en disant que, fidèle jusqu'à son dernier souffle à la dynastie des *Minh* dépossédée par les Tartares, il préférait, lui et ses hommes, devenir sujet de l'empire d'Annam. Il venait s'asseoir au foyer annamite et se mettait sous la protection de ses lois.

Hieng-Vuong, seigneur des provinces méridionales, voulait d'abord refuser, mais il comprit le parti qu'il pouvait tirer de ces mille cinq cents hommes résolus à tout faire, surtout au moment où l'Empire songeait à reculer ses frontières politiques jusqu'au cœur du royaume Khmer.

Le seigneur du Sud fit masser tous les Chinois sur la place de Tourane et là, au son du tamtam, il leur lut lui-même l'édit impérial, qui leur donnait libre accès du royaume et qui leur fixait pour résidence la province du *Donnai* et celle de *Mytho*.

L'Empereur acceptait la déclaration des naufragés sous toutes réserves, promettant les peines les plus sévères à ceux qui, dans la suite, s'écarteraient du droit chemin.

Au confluent de la rivière de *Saïgon* et du *Donnai*, à vingt-cinq kilomètres environ de la capitale française, les Chinois se séparèrent en deux groupes dont un fut se fixer à *Bien-hoa* ou marché de *Binh-Truoc* et l'autre dans une plaine fertile, attenante au poste de Mytho.

Les Chinois s'adonnèrent surtout à l'agriculture. Ils fondèrent à Bien-hoa, dans l'île de *Cu-lao-pho*, voisine du chef-lieu, un établissement de premier ordre, sur lequel les mandarins annamites prirent modèle plus d'une fois.

L'île fut entièrement défrichée par les célestes. Une grande voie pavée de larges dalles fut tracée sur toute sa longueur. Une superbe pagode bâtie par les Chinois et restaurée plus tard par les Annamites existe encore. On montre aussi dans cette île verdoyante la trace de fonderies de marmites, de fabriques de chaux, de fonderies de canons en cuivre, que les célestes vendaient au roi d'Annam.

A Mytho les défrichements immenses, opérés par les Chinois, au centre de plusieurs districts fertiles, incitèrent les indigènes à suivre leurs traces et à devenir d'habiles agriculteurs. Ainsi se manifestait la puissante vitalité de cette race, si fortement préparée à la lutte pour l'existence ; ainsi se créaient les centres agricoles d'un peuple laborieux et intelligent, dans ce pays de Cochinchine, témoin, depuis deux siècles, de son activité.

Ce qu'affirment encore les anciens écrits annamites, c'est l'extraordinaire développement que les Chinois donnèrent au commerce. A Bien-hoa, un village appelé Ban-Lan qui n'est probablement que le Bengo de l'époque actuelle, devint un centre fréquenté par des navires de commerce de nationalités différentes, qui remontèrent le Donnaï pour venir trafiquer et y échanger leurs marchandises. Le pavillon français fut même représenté.

En dix ans, la population chinoise avait doublé dans ces nouvelles colonies par suite des unions des naufragés avec les femmes indigènes.

La tranquillité de la colonie agricole de Mytho fut gravement compromise à cause des sourdes menées d'un chef chinois, jaloux des prérogatives du général Duong-Dich. Ce meneur redoutable nommé Huynh-Tân réussit à tuer le général et à gouverner à sa place. Les gouverneurs annamites de la province ne pouvaient supporter un exemple si flagrant d'insubordination. Des espions ayant découvert le projet de Huynh-Tân, qui consistait à fonder un royaume indépendant sur le territoire du Cambodge, le vice-roi gouverneur de la province de l'Est résolut de profiter de l'humeur batailleuse du chef rebelle en lançant la colonie chinoise contre les Cambodgiens. N'oublions pas que Mytho n'était pas encore entièrement soumis aux Annamites (1690) et que la présence des Chinois sur le sol du Cambodge avait été imposée au roi des Khmers Neac-Hang-Tu.

La diplomatie annamite fit alors des prodiges pour tirer de cette aventure profit pour la grandeur et le triomphe de l'Annam. Les Cambodgiens vaincus dans la plaine de

Mytho se retiraient de l'autre côté du Mé-Kong, laissant des milliers d'hectares cultivables. Ce qui n'empêcha pas les Chinois d'être châtiés pour avoir approuvé le meurtre de Duong-Dich et l'intronisation du chef rebelle. Huynh-Tân fut pendu haut et court. Pendant deux cents ans les Annamites se sont montrés des colonisateurs remarquables, des administrateurs excellents.

Les gouverneurs des nouvelles provinces conquises ne le cèdent en rien, quant à leurs capacités et leurs vertus civiques, aux hommes de talent et de courage, à l'habileté desquels la France doit sa belle colonie méditerranéenne, l'Algérie.

*
* *

L'histoire de la grande presqu'île de l'Hindoustan, dont la colossale antiquité étonne, à bon droit, les savants de l'Europe, aurait peut-être son pendant dans celle de la presqu'île Indo-Chinoise. Mais les sombres arcanes du passé gisent indéchiffrés sur la pierre des monuments, dans la stèle mystérieuse des bas-reliefs symboliques, qui ne sont, à proprement parler, qu'un chaînon interrompu de la grande épopée indienne, au sein de laquelle nous trouverons peut-être la clef du problème qui tourmente les chercheurs. Laissons derrière nous le pays étincelant des Védas et des livres antiques, cette terre de l'Hindoustan, berceau de l'humanité, patrie glorieuse et éternelle de milliers de peuples, dans le souvenir vivant desquels se réchauffent encore toutes les races du monde civilisé. Franchissons les îles tourmentées de la Sonde où cent volcans prêts à dévorer les villes et les campagnes bouillonnent invisibles sous les flots azurés ; jetons un coup d'œil rapide sur la pieuse Birmanie, terre sacrée du Bouddhisme, qui eut la rare fortune d'enfanter un créateur de religion et d'empires, le mystique Cakiamouni dont l'idéal épuré de toute souillure sanglante, tient cinq cents millions d'hommes sous sa loi, et restons dans cette Indo-Chine, naguère mystérieuse. C'est la science géographique qui nous en a procuré, il y a quelques années à peine, la parfaite connaissance, en ce qui concerne ses voies principales et ses peuples civilisés.

Pour nous, Français, pionniers de la première heure, qui sans nous attarder aux vaines discussions de la politique, désirons nous instruire utilement, la connaissance des mœurs et de l'histoire de l'Annam doit être un objectif agréable.

Et que de choses curieuses et inédites, jusqu'à ce jour, recèlent les annales de ce bon petit peuple. Quels points de comparaison, quelles observations instructives, efficaces pour notre domination coloniale nous trouverions dans une recherche soutenue, dans un travail sincère....

Nous avons déjà vu, ami lecteur, par quels débuts passèrent, il y a près de deux cents ans, les premiers représentants du génie colonisateur annamite. Nous avons trouvé cette race confinée au delta de vase, formé par le Fleuve Rouge et resserrée dans d'étroites limites que gardaient en guerriers jaloux de leurs territoires deux peuples aujourd'hui disparus.

Les Ciampois, les Cambodgiens et peut-être d'autres peuples secondaires furent les défenseurs, sur le ventre desquels les armées annamites lancées à la conquête de la Cochinchine, durent fatalement passer.

Mais l'absorption d'un peuple par un autre ne se fait pas avec une rapidité telle que le vaincu n'essaye encore de lutter pendant une longue suite d'années.

Les Ciampois, moins fortement constitués

et dont l'idéal manqua peut-être de bases, résistèrent moins longtemps que les Cambodgiens, peuple muni d'une organisation plus compliquée et d'une prodigieuse histoire.

L'héritage de trente siècles devait encore peser sur ce grand peuple et lui rappeler, malgré sa déchéance, ses origines, ses qualités guerrières des temps passés.

Si les Cambodgiens ont résisté à l'effort soutenu pendant cent ans d'une race vaillante, dont le but politique ne s'est jamais démenti un seul instant, les Ciampois ont disparu totalement, aujourd'hui, de la carte de l'Indo-Chine. Je ne connais pas dans l'histoire universelle un fait de destruction, d'absorption ethnique plus prompte et plus franchement caractérisée!.....

Qu'était donc le Ciampa? Où sont les rejetons de ce peuple? Par quels caractères de race pourrions-nous en découvrir les derniers survivants?

Mystère! Encore une fois, les Annales de Hué, qu'un gouvernement indifférent s'obstine à ne point vouloir grouper et faire traduire et qui attend, peut-être, que les termites aient tout dévoré, les Annales de Hué nous fourniront, sans doute, les renseignements nécessaires, sur des événements encore très rapprochés de notre époque[1].

De tous ces groupements divers d'hommes civilisés, que la race annamite, dans son évolution, était appelée à détruire, les Cambodgiens seuls restent debout.

Je laisse le lecteur réfléchir à la somme de ténacité, de courage et d'énergie longtemps soutenues, qui fut nécessaire aux Annamites, pour accomplir ce programme jusqu'au bout.

Les Cambodgiens avec leur caractère affaibli ne résistèrent pas longtemps à la poussée annamite, quand, vaincus dans plusieurs grandes batailles au Binthuan et en Basse-Cochinchine, ils se replièrent en désordre, pour se retrancher sur les rives verdoyantes du Mékong.

Les Gouverneurs Annamites, aussi bons tacticiens que colonisateurs habiles, eurent vite aperçu le défaut de la cuirasse chez leurs ennemis.

La Cochinchine, très étendue, ne pouvait offrir une longue résistance, vu le petit

1. Une traduction littérale des Annales vient, paraît-il, d'être tentée avec plein succès par le professeur Abel des Michels.

nombre de guerriers mis en ligne par les Cambodgiens.

Et c'est alors que commencèrent, dans les provinces de *Mytho*, de *Vinh-long* et de *Gocong*, les premiers mouvements de cette pénétration pacifique, qui continue encore de nos jours, malgré tout, vers le nord. Les Gouverneurs du *Bac-hy* firent transporter à bord des jonques de guerre tous les pillards, tous les dévoyés du delta tonkinois, anciens révoltés en rupture de ban, pirates de mer et de rivières, qui ont produit la belle petite race intelligente et fine dont les basses provinces s'enorgueillissent à bon droit.

Les Cambodgiens, à la suite de combats continuels, de batailles sanglantes, fuyaient progressivement devant le flot des envahisseurs, jusqu'au moment où la cour de Hué, profitant des embarras du roi Cambodgien avec la dynastie siamoise, laissa les hordes Annamites se ruer sur les faibles défenseurs du Royaume Khmer. Le drapeau de l'Annam flotta pendant cinq ans sur les murs de la citadelle de Pursat et ne céda le pas qu'après la signature d'un traité honorable, qui reconnaissait à l'empereur Annamite libre et entière possession des provinces du Delta.

Mais il restait encore dans ce pays, disent les Annales, près de trois cent mille Cambodgiens qui préférèrent garder leurs terres fertiles et qu'un trop grand attachement au foyer domestique empêcha de suivre, dans leur retraite, les armées déroutées du roi Soleil.

Il était stipulé dans le traité que les personnes et les propriétés seraient respectées.

Un édit du Gouverneur de Saïgon accorda aux anciens habitants du sol des prérogatives spéciales, affirmant les bonnes intentions de l'empire à l'égard des vaincus.

« Que les Cambodgiens fidèles au sol natal, disait l'édit impérial, travaillent en toute sécurité leurs terres. Puisqu'ils consentent à devenir nos sujets, nous les protégerons. Leurs us et coutumes, leur religion et leur patrimoine seront respectés. Ils seront libres de fonder des villages, de nommer leurs chefs et leurs notables partout où ils désireront s'établir, etc., etc...... »

Ainsi s'affirmait une fois de plus cette merveilleuse faculté de colonisation dont les Annamites ont donné tant de preuves. A notre arrivée en Cochinchine vers 1860, rien n'était changé à ce *processus* administratif qui durait depuis cent vingt ans.

Le lecteur est plein d'admiration lorsqu'il observe de près les conséquences de cette sage direction qui éclate à chaque page des Annales.

Mais, que sont devenus, aujourd'hui, les derniers survivants de ce peuple cambodgien, rivés par leur amour du foyer aux vertes plaines cochinchinoises ?

C'est ici que l'étude est intéressante, car, en suivant le vaincu dans sa déchéance, nous assistons à l'évolution grandissante de la nation Annamite, qui compte ses enfants par millions dans le pays envahi.

Je n'ai pas besoin de montrer les progrès que tout homme observateur peut étudier à son aise, ni de parler des qualités éminemment prolifiques de cette race *spermatique*, ainsi que l'appela un de ses enthousiastes admirateurs.

L'Annamite va toujours de l'avant et qui sait où se serait arrêtée son expansion, si une sage ingérence n'était venue en son temps en modérer la vitesse ! .....

Occupons-nous seulement des enfants du Cambodge, devenus de force, et par suite de circonstances fatales, sujets de l'empereur d'Annam.

Ils restent actuellement à peine vingt-cinq à trente mille, disséminés dans les provinces riveraines du fleuve postérieur.

Leur fierté les a empêchés de se mêler aux Annamites et la pureté de leur race s'est perpétuée exempte de tout élément étranger.

Ils n'ont rien emprunté au vainqueur, pas même la langue qu'ils ne parlent que rarement et fort mal dans leurs relations commerciales.

Tout se passe chez eux comme au centre de leur vieux royaume dont la Cochinchine n'est à leurs yeux que le prolongement.

A côté des mesquines pagodes annamites aux toits bâtards et sans style, les temples Khmers, toujours ombragés de grands arbres, dressent fièrement leur architecture étrange et tourmentée.

Ils sont presque tous cultivateurs ou fabricants de pirogues, art dans lequel ils sont restés maîtres, de génération en génération.

Les Annamites les méprisent généralement, mais ils sont payés de retour par un dédain ancestral, qui fait considérer tout mariage Annamito-Cambodgien comme une tare de famille.

Dans les coquets villages de *Travinh*, de *Soctrang* et des provinces de l'Ouest, la palissade de palétuviers est la borne morale que le pied *ignoble* et *préhensible* de l'Annamite ne doit jamais franchir !.....

Forcés d'avoir recours aux Pieds Fourchus (Giao-Chi), pour leurs transactions commerciales, ils accordent rarement leur confiance et toutes les opérations, ventes de riz, de fruits, d'animaux domestiques se font à la limite de la barrière, tenant-tenant, donnant-donnant, car la foi jurée n'existe pas chez les Annamites et leur parole ne vaut pas le papier de vente d'un esclave mort!

Depuis vingt ans que j'habite ces pays, je n'ai jamais vu de mariage légal entre Cambodgiens et Annamites ; les quelques unions volantes dictées par un intérêt sordide étaient considérées comme une tache familiale dans la contrée.

Les Cambodgiens de Cochinchine sont généralement dans l'aisance. Plusieurs sont réputés fort riches, mais par crainte des pirates annamites et à cause de cette épouvante innée qui est le défaut capital de leur race, ils enterrent toujours leurs trésors.

S'ils ne sont pas fiers d'être à la merci des fonctionnaires indigènes de l'arrondissement, ils sont du moins heureux d'être régis par le large esprit de la loi française, dans l'application de laquelle ces populations tranquilles trouvent de réelles immunités.

De la terreur que leur inspirait le mandarin cambodgien ils sont passés à la sécurité parfaite. Au Cambodge, il y a quelques années à peine, un homme du peuple n'était jamais sûr de ne pas se voir enlever, sans raison aucune, sa fille, sa femme, ou sa maison.

Quand une affaire un peu grave venait devant les tribunaux cambodgiens, le mandarin de la justice faisait arrêter d'abord l'accusé, sans enquête préalable, on le mettait aux fers et Dieu sait quand il pouvait en sortir !

Puis c'était le tour de sa femme, de ses enfants, de ses parents, oncles, tantes, cousins, cousines ou alliés. Souvent les amis de cet accusé allaient lui tenir compagnie à la chaîne, pendant des mois !...

Quand, du côté de l'accusé, *l'éclairage* ne marchait pas à souhait, on arrêtait le plaignant, ses femmes, ses enfants et collatéraux et les amis de ses amis. C'était inénarrable.

J'ai vu soixante-douze individus emprisonnés ainsi après une affaire de piraterie dans le grand fleuve. Pirates et piratés allaient dans le même sac.....

Il était temps que sous une main énergique, le pays n'assistât plus à de pareilles choses, et Dieu merci, depuis deux années, le Cambodge a conscience que le drapeau de la France veille avec attention sur les faits et gestes de ses mandarins.

Les Cambodgiens de Cochinchine ont attiré beaucoup de familles sur ce sol libre de la terre d'Annam, abritée par les lois de la France. Mais le mouvement prolifique est arrêté sur le sol épuisé des dynasties antiques. L'avenir est au spermatozoïde annamite, plus viril et plus résistant, plus vivace, plus ardent.

Dans quarante ans, dans moins de temps, peut-être, la Basse-Cochinchine verra s'éteindre les dernières familles Khmères qui, sur ce sol vierge, ont su conserver à travers les siècles leur complète originalité.

IV

QUELQUES MOTS SUR LA LANGUE ANNAMITE

Mécanisme et classification. — Affinités ethniques. — Difficultés matérielles. — Procédés et théories. — Conseils aux commençants.

De toutes les langues étrangères, appelées à être étudiées par le petit groupe de Français qui vient chercher sa vie et son avenir en Indo-Chine, le dialecte annamite est incontestablement le plus ardu. Je dis *dialecte*, car, si dans le rameau ethnique, la race annamite possède son individualité évidente, son originalité propre, sa langue a trop d'affinité avec sa grande voisine pour former un système à part.

Il n'est pas douteux, en effet, que le groupe autochtone, qui a donné naissance à la race actuelle, ait été manifestement localisé dans un coin quelconque de la péninsule que la France a reçu mission de coloniser. Contrairement à ce que pourraient penser quelques observateurs superficiels, l'Annamite n'est pas un Chinois abâtardi ; s'il est Mongol d'origine, il n'est que fils du ciel par affinité politique, par éducation primitive et peut-être aussi par instinct.

Les Chinois eurent les premiers l'occasion de pénétrer dans le pays et d'y laisser des traces profondes de leur génie ethnique, de leur culture intellectuelle jusqu'à imposer leur écriture au peuple protégé.

C'est surtout de ce côté que pesa la tutelle chinoise, sur les anciens Pieds Fourchus ou *Giao chi* de l'Annam.

L'Annamite, en tant que langue, a une parenté étroite, au point de vue phonétique, avec le dialecte parlé du sud de la Chine. Je ne parle pas de l'écriture, commune par son système idéographique, aux quatre cents millions de sujets de l'empire du milieu. Un grand nombre de mots ont phonétiquement leur similaire en Cantonais, et un Annamite lettré peut presque comprendre la lecture d'un écrit facile, en l'entendant épeler par un congréganiste de Canton.

Fixé grammaticalement dans tout le delta du Tonkin, et sur l'étroite bande de pays qui longe la chaîne annamitique, cet idiome a éprouvé quelques variations superficielles, en venant s'implanter sur la terre de *Gia-*

dinh. A cet égard, il s'affina peut-être un peu, se catégorisa dans beaucoup d'expressions nouvelles.

La Cochinchine, ne l'oublions pas, était une colonie annamite formée d'éléments divers et notablement supérieurs au gros de la nation.

Aussi, il est facile de constater que la prononciation y est remarquablement différente de celle du delta Tonkinois et de Hué, capitale du royaume.

Les Français du Canada sont placés dans une situation similaire. Des expressions du dix-septième siècle, complètement oubliées en France, sont d'un usage courant à Québec ou à Montréal.

La langue annamite est catégoriquement placée par les linguistes dans le faisceau des langues mongoloïdes, monosyllabiques offrant une absence complète d'agglutination. Ce procédé, dit agglutinant, est l'apanage des langues supérieures, des langues riches permettant à ceux qui les parlent d'exprimer l'immense variété de leurs affections morales et de leurs sentiments les plus subjectifs.

Nous allons voir en quoi réside cette étonnante difficulté de la langue annamite, pour tous ceux qui, non doués d'une certaine tournure d'esprit naturelle et d'une propension pour l'étude des langues, s'usent en vain, comme le serpent sur la lime, pendant des mois et des années.

Il est avéré qu'en Indo-Chine peu de Français sont parvenus, je ne dirai pas à parler correctement, mais à causer l'annamite avec un peu d'aisance.

L'essence même de la langue, son monosyllabisme, l'étrange variété de ses sons s'opposent à sa diffusion. Et cette difficulté n'est pas simplement localisée à la race française. Les Chinois, les Cambodgiens, les Malais eux-mêmes la parlent ordinairement fort mal.

On se fera une idée de la pauvreté de cet idiome, quand on saura que huit mots s'écrivant la même chose changent du tout au tout, suivant l'intonation.

Il est absolument nécessaire, pour bien apprendre l'annamite, de procéder avec méthode et observation. Une bonne classification des mots serait une excellente chose, mais cette façon de faire exige une grande attention et un certain travail. La pierre d'achoppement réside en ceci, c'est que le mécanisme propre de la langue est généralement ignoré de ceux qui l'apprennent. On fait des efforts inouïs pour calquer les expressions qu'on va proférer sur l'idée européenne, toujours complexe, savante, composée d'un grand nombre d'éléments; l'idée annamite est des plus simples, sujet, verbe, attribut, toujours invariables et qu'on fait précéder d'un signe également invariable, datant l'action au passé, futur ou présent.

Pour parler comme les Annamites il faut penser comme eux, simplement, petitement, sans incidences. Ne cherchez jamais à plier cette langue enfantine et primitive, aux savantes combinaisons grammaticales de nos idiomes européens.....

Les missionnaires le savent bien et ont, depuis longtemps, appliqué cette méthode. Le prône d'un jeune père tout frais émoulu de France, est complexe et alambiqué. Dans cinq ans, quand il aura saisi la théorie simpliste de cette langue, le père à longue barbe deviendra d'une clarté frappante pour son auditoire, en diminuant jusqu'à les rendre pauvres sa syntaxe et ses expressions.

Pour parler convenablement l'annamite, il faut aussi surveiller les passions de l'âme, les soumettre à une règle difficile et de laquelle on ne saurait, sans faire fausse route, se départir.

Ainsi, nous interrogeons toujours en donnant à la fin de la phrase une intonation élevée, criarde qui va du grave à l'aigu, défaut qui défrise la tonalité annamite et la vicie entièrement.

Même en interrogeant, il est parfois nécessaire d'employer le ton grave ou descendant, suivant les mots qu'on exprime. Quand nous parlons à un indigène avec un certain accent de colère, nous sommes poussés à hausser l'intonation, en signe de volonté, c'est un grand tort ; les Annamites se disent les grossièretés les plus désobligeantes, les injures les plus crues, tout en conservant la tonalité requise et sans laisser dévier la tendance marquée qu'ils désirent obtenir. Il faut donc s'habituer au calme, à *l'æquo animo* dont parle le poète, si on veut devenir un annamitisant décidé.

* * *

Mais que dire encore de l'originalité d'une langue qui n'a pas de mots propres pour peindre les affections de l'âme, les passions morales ? L'amour, en annamite, est *la chose qui aime*, l'espoir, *la chose qui attend*, le courage, *la chose qui a du foie ou du ventre*.

Comment exprimer en langage clair et imagé ces belles périodes littéraires, qui font passer dans l'âme des foules comme un électrique frisson?

Qui devinera, qui nous expliquera d'une manière exacte, qui fera la synthèse des idées, des sentiments d'une race dont l'indigence artistique et plastique dépasse tout ce qu'on saurait rêver? D'une race qui place toutes les passions, les pensées, les sentiments au fond du ventre et qui matérialise universellement tout ce qu'elle voit, perçoit ou touche?

C'est là que réside le problème; à vous, ami lecteur, de l'étudier dans son ensemble et de le réaliser.

Malgré cette pénurie caractéristique d'expressions, vous trouverez au commerce annamite une consolation digne d'un esprit cultivé, si vous savez le comprendre, plein d'intérêt si vous apprenez à l'aimer.

Toutes les races ont leur originalité, leur point de contact, leur attraction à côté de leurs sœurs victorieuses, occupant dans l'échelle de la civilisation et de la culture intellectuelle un rang plus élevé.

V

LA RELIGION DES ANNAMITES

Les Annamites sont-ils Bouddhistes? — Religion et matérialisme. — Croyances et pratiques. — Le culte des ancêtres et le culte des esprits.

Si un de vos amis vous posait, au cours d'une intéressante conversation, la question suivante : Quelle est la religion professée par les Annamites? Je crains que beaucoup d'entre vous ne fussent embarrassés pour répondre, d'une manière satisfaisante, à leur interlocuteur.

Vous répondriez, sans doute, que les Annamites professent la religion de Bouddha, ou même, comme certains indifférents, qu'ils adorent Bouddha lui-même !

Et de fait, la question n'est pas facile à résoudre, en quelques mots; elle mérite une étude approfondie, pour être traitée avec compétence.

Tous ceux qui ont cherché à se mettre au courant des mœurs des Annamites et qui ont vécu, à une époque quelconque de leur séjour dans ce pays, de la vie intime du foyer, savent, pour peu qu'ils connaissent la langue, que les indigènes de l'Indo-Chine possèdent une morale très élevée.

Les Annamites sont classés parmi les adeptes fervents de la religion bouddhique, religion extraordinaire, sans Dieu, dont le but final est le néant, l'anéantissement dans le sein de la divinité éternelle !

Etonnante conception, théorie religieuse inouïe, qui tient sous sa loi plus de cinq cents millions de disciples.

Ma connaissance du langage vulgaire m'a permis de dégager la vérité réelle de cet ensemble métaphysique et de rechercher la valeur exacte, attribuée par les indigènes à cet ensemble religieux.

Théoriquement, les Annamites ne devraient pas croire en Dieu, le Bouddhisme répudiant toute conception théosophique, dans le sens que les religions occidentales, ou d'origine sémitique, attribuent à ce mot.

Cependant, la réalité des faits nous force à reconnaître, en étudiant les origines, qu'il existe chez les habitants de l'Annam *un être moral* où l'homme puise, dans le sentiment unique du vrai, ce qu'on a coutume de désigner grossièrement comme une récompense de la vertu et de la piété, récompense ayant son point de départ hors de l'homme lui-même.

Or, cette prétendue récompense est placée dans un tel rapport avec ce dont elle doit être le prix, qu'un Dieu devient nécessaire, pour en assurer l'union ; puis, de cette nécessité, on déduit aussitôt une preuve de l'existence de Dieu.

Pour détruire cette théorie que j'ai pu vérifier avec assez d'exactitude, chez les Annamites, il faudrait entrer dans de nombreuses considérations nous permettant de prouver avec l'école positiviste, que l'acte moral est par lui-même inséparable de son action réflexe sur le sentiment, ou, en d'autres termes, que la théorie mécaniciste de la conscience exclut toute notion d'un être supérieur, d'un Dieu punissant les méchants et protégeant les faibles.

Nous sommes en plein matérialisme et nos renseignements précis nous donnent le droit d'affirmer qu'à part une classe peu nombreuse de lettrés de Hué, conduite par une tournure spéciale de l'esprit, à combiner tout un système ressemblant à notre rationalisme, tous les Annamites, sans exception aucune, croient à la divinité.

Les idées françaises ont bien produit un petit courant de scepticisme, mais l'héritage religieux familial, vingt fois séculaire, n'a jamais subi, au contact du matérialisme européen, la moindre déperdition.

Ecoutez Confucius donnant à ses auditeurs des préceptes que n'auraient pas répudié le génie de Pascal ni celui des penseurs modernes : « N'oublie pas que tu es un homme et non pas un être comme tous les êtres de la nature. Recueille-toi en toi-même, écoute ta pensée intime et tu y trouveras le droit chemin et encore le bonheur.

« Tu ne dois pas oublier que tout ce que tu vois, tout ce que tu admires dans la nature, tout ce qui t'arrive à toi ou aux autres, et enfin tout ce qui existe, n'est pas le résultat d'un hasard, un accident sans suites. Tout a son origine dans des lois éternelles, source unique de toute existence. Honore ton père et ta mère, soutiens-les dans leur vieillesse, c'est là ton premier devoir ! »

Voilà la base de toute la morale annamite, voilà aussi la base de sa religion.

Sur des milliers d'Annamites que j'ai interrogés, je n'en ai pas trouvé un seul (et je parle, ici, de la classe instruite) qui ait pu me donner une exacte représentation du

Bouddhisme. Je dirai même qu'un grand nombre s'éloignaient énormément de la théorie.

On comprendra facilement que la conception élevée et trop métaphysique du but suprême du Bouddhisme n'ait pu se conserver qu'à l'aide d'une culture intellectuelle qui, chez la plupart des indigènes réputés lettrés, se rencontre très rarement.

Mais alors, dira-t-on, donnez-nous un aperçu de la religion professée par les Annamites ; s'ils ne sont pas bouddhistes, que sont-ils ?

Dans le chaos, dans cet ensemble obscur de rites et de croyances populaires, l'idée absolue du *nirvana* bouddhique, de l'évolution compliquée des existences postérieures, jusqu'à anéantissement final dans le sein du *non être*, ne se retrouve plus aujourd'hui. Le peuple a formé, de toutes pièces, une espèce de religion, où le culte des morts tient la plus grande place. On peut dire que le culte des ancêtres concentre complètement tout le bagage spiritualiste que les Chinois (ou peut-être un autre peuple) ont légué aux enfants de l'Annam.

Le ministère des rites, de Hué, qui correspond vaguement à notre ministère des cultes, avait la garde des traditions religieuses ; le roi d'Annam chef suprême (*Pape*, si on veut), représentant du ciel, délègue ses pouvoirs à son ministre, chargé du cérémonial hiératique et du maintien des croyances héréditaires.

On entend souvent parler de *Ong phat*, *le bon Dieu* dans le sens vulgaire, que le visiteur remarque sur l'autel du foyer. C'est la divinité énorme, ventripotente des pagodes, souriant placidement avec cet air de bonté qui frappe toujours dans les statues de Bouddha.

Si les Annamites l'implorent parfois, c'est uniformément avec cette idée qu'ils ont devant eux un être supérieur éternel, gouvernant le monde, auteur de tout ce qui est ; idée que nous retrouvons exactement dans le dogme des religions sémitiques. Le malheureux qui implore ne voit pas autre chose qu'une charnelle et palpable représentation du *Ong phat*. Au cérémonial rituel du culte des ancêtres, le commun du peuple ignorant a mêlé un tas de pratiques pieuses, qui constituent, à elles seules, toute une religion différente, un ensemble chaotique que nous devrions, pour voir clair, traiter point par point.

La peur des esprits, des diables malfaisants tient sous sa domination la masse des indigènes ; les plus lettrés d'entre eux, les plus cultivés sont tributaires de ce culte infernal.

Le *con ma*, le *ma qui* (diable) est l'unique auteur de nos infortunes terrestres. Il en existe dans toutes les formes, et du fait qu'un parent, un ami passe dans l'autre monde, il est placé dans la catégorie des êtres malfaisants poursuivant les vivants sans merci et sans trêve, cherchant à épouvanter, sur les routes obscures, le passant attardé dans le noir de la nuit. L'enfant effrayé rentre chez lui en disant à sa mère qu'un esprit lui a jeté des pierres, ou qu'il l'a arrêté au milieu de la sente du village, pour lui faire peur. « *Con mà nhac tôi.* Un diable m'a fait des grimaces, m'a regardé en faisant des contorsions de visage qui m'ont fait peur ! »

La mère recommande à ses petits de ne point aller, le soir, satisfaire aux besoins de la nature sous les grands arbres, de peur qu'un esprit d'une essence toute particulière : *ma lai*, ne mange ses excréments. Il s'en suivrait, forcément, une terrible maladie qui coucherait en peu de jours son enfant dans la tombe.

« *Mà lai an cut* : L'esprit, le diable *lai* mange les excréments des hommes... » Allez donc vous reconnaître maintenant dans cet amas inconcevable de dogmes, de cultes, de pratiques et de croyances, et extrayez-en un catéchisme analytique à l'usage des néophytes de l'Annam !

Nous avons vu, par les notes esquissées avec rapidité, que les croyances religieuses des Annamites sont diamétralement opposées au concept élevé et métaphysique du bouddhisme. Nous allons essayer de rechercher les raisons pour lesquelles les indigènes de l'Annam ont dévié de ce premier système, si toutefois ils l'ont jamais pratiqué dans sa pureté.

Des observations personnelles et des considérations générales, ayant trait aux caractères ethniques de la race qui nous occupe, me permettent de penser que si les enfants de l'Annam ont reçu des Chinois les éléments de leur langue, leur écriture et l'organisation administrative de leur royaume, ils tiennent d'un autre peuple, des Birmans, sans doute, leur idéal religieux et leur morale primitive, modifiés dans la suite au contact de la civilisation chinoise et des théories philosophiques de Confutze.

Pour beaucoup d'observateurs consciencieux, les Birmans et les Annamites possèdent, dans le rameau ethnique des peuples de l'Indo-Chine, des liens de parenté plus étroits qu'on le pense généralement. Il n'y aurait rien d'étonnant à ce que l'étincelle religieuse qui embrasa l'Annam fut venue des rives verdoyantes de l'Ava, centre et foyer du bouddhisme. Et qui sait, même, si la race annamite n'en vient pas ?.....

Mais, laissons de côté ces aperçus ethnographiques, qui pourraient nous entraîner trop loin et entrons plus avant dans l'étude du système appelé par quelques savants de l'Europe : la plus étonnante conception philosophique qui soit jamais sortie d'un cerveau humain.

On s'étonnera, peut-être, non sans quelque raison, qu'un peuple voisin de l'Annam, le peuple Khmer, ait pu conserver intact l'héritage ancestral, à travers une longue série de siècles. Nous allons comprendre, cependant, pourquoi le Cambodge a gardé les pures traditions du passé, avec le soin jaloux de toute nation qui traîne après elle une histoire. Remarquons, toutefois, l'époque à laquelle les deux groupes ethniques reçurent le précieux dépôt qui devait régénérer le premier de ces groupes, par son puissant idéalisme, et ne point convenir au second qui l'a, depuis, totalement abandonné.

La race Khmère s'était déjà comme affinée, au contact du Brahmanisme, lorsque les missionnaires du bouddhisme vinrent lui imposer le joug de la nouvelle loi.

Le seul constat du changement qu'éprouva, après cette rénovation religieuse, après ce baptême général, l'architecture gigantesque de ce peuple, indique la puissance des transformations morales et même économiques accomplies en peu de temps dans son sein.

Les tangibles images de la Trinité Hindoue, ciselées dans les blocs énormes du temple de *Baïon*, à *Ang-Kor-Thôm*, disparaissent pour faire place, sur les tours et les murailles *d'Ang-Kor-What*, aux rêveuses théories, aux danses orientales, aux placides visages de l'auteur de ce grand système, qui est allé se perdre dans ce néant si désirable, but suprême des aspirations finales de tout bouddhiste fervent. Le Mongol a vaincu l'Aryen sur le terrain philosophique ; c'est à cet endroit même de l'Indo-Chine que la frontière, désormais admise, entre les deux théories religieuses, doit posséder ses bornes distinctives de démarcation.

Les Khmers avaient donc parcouru les, nombreuses étapes de leur évolution ethnique, tandis que les Annamites étaient vraisemblablement au début de cette même évolution. Après avoir jeté à la face du monde étonné les temples superbes d'Ang-Kor la Grande que l'univers savant admire encore; après avoir éclipsé les peuples environnants et tenu sous leur joug la plus belle partie de l'Indo-Chine, les conquérants s'assirent sous les banians sacrés, attendant à l'ombre de leurs temples que cette loi inéluctable qui gouverne le monde vint se vérifier à leurs yeux : naître, croître, progresser, décroître et mourir! Telle est, en effet, la terrible sentence à laquelle le groupe le plus puissant ne saurait résister.

Le soleil des rois Khmers cessa de briller pour ne jeter que de loin en loin des lueurs passagères.

*
* *

Voici venir un peuple jeune descendant des montagnes; d'où vient-il?

Les croisements qu'il va subir vont lui infuser un sang généreux; il entre dans la phase guerrière après avoir abandonné la phase pastorale constatée chez tous les peuples de l'univers, au début de leur nationalité. Les enfants de l'Annam vont s'implanter dans les vallées fertiles, occupées par le peuple civilisé, policé et savant du Cambodge ; les Khmers ne lutteront pas longtemps contre leurs envahisseurs !

Les enfants de l'Annam sont en pleine possession de leur force guerrière : s'ils n'ont pas bâti des monuments gigantesques, c'est que l'art de l'architecture leur est inconnu. Ils évoluent dans le sens du progrès, en s'affinant toujours, au contact des autres peuples.

A cet instant de leur évolution, les hautes conceptions du bouddhisme ne sauraient convenir à ces caractères d'enfant, incapables d'aucune œuvre durable et de quelque valeur. Enfants joyeux, incertains et volages, qu'un hochet amuse ! De quelle théorie religieuse leur esprit léger pourrait-il s'accommoder ?

Quel effet produira sur ces cerveaux agités un système étonnant que les plus sérieux peuvent à peine comprendre ? Le *nirvana*, l'anéantissement final au sein du néant, du non-être, est incapable de les satisfaire un seul instant[1].

1. Les raisons qui ont empêché les Annamites d'adop-

Comme tous les enfants, à l'esprit changeant et malléable, ils craindront le maître qui s'impose, le chef qui sait se faire obéir. Amants du foyer, imbus des avantages de la vie de famille, l'exil sera pour eux la plus infâme des flétrissures, la punition de ceux qui ont mérité la mort ! Le vieillard honoré, respecté hautement pendant sa vie, emportera le souvenir impérissable des vivants dans sa tombe et, sur l'autel du foyer domestique, les mains tendres et pures du jeune âge viendront offrir des présents à son âme errante dans l'espace, pour calmer sa colère contre les vivants.

« O mon père, dit un poète annamite, la
« mort a fermé tes paupières, glacé tes
« mains blanches ; par pitié, quand tu seras
« dans le royaume des ombres, ne viens pas

ter la coutume de la crémation sont faciles à comprendre. Leur idéal religieux s'opposait formellement à la destruction totale des éléments qui composent l'enveloppe matérielle du *linh-hôn* (l'âme), cette coutume reflétant, d'une manière trop exacte, l'image que se font les disciples du bouddhisme, de l'anéantissement de l'être, et de son retour final au sein du grand Tout. Il sera intéressant de rechercher, cependant, si, à une époque quelconque de leur évolution religieuse, les Annamites ont brûlé leurs morts. Peut-être trouverait-on ces renseignements dans les Annales de la bibliothèque royale.

« poursuivre de tes instances ton fils repen-
« tant. Ne viens pas l'épouvanter pendant
« la nuit obscure; défends, au contraire, la
« paix et la tranquillité de son foyer contre
« les esprits mécréants. Je te ferai de belles
« funérailles, et, pour apaiser tes mânes, je
« viendrai tous les jours avec mes enfants et
« mon épouse déposer des offrandes sur
« l'autel du foyer. »

Touchante élégie, conviction profonde, exprimée avec la naïveté d'une âme que pénètre la douleur, le repentir ; qui voit, à travers les clartés vaporeuses du dernier jour, luire dans le lointain l'espoir d'une vie future.

Saisira-t-on aisément comment a dû naître au foyer le culte des ancêtres.....

VI

LE CULTE DES ESPRITS ET LES PRATIQUES DE SORCELLERIE

La peur de l'invisible. — Les esprits du village de Tan-An. — Les tombes du hameau de Thu-Thiem. — Les esprits mauvais. — Le sorcier de la pagode de Phnompenh. — L'épreuve du feu et de l'huile bouillante.

Parmi les religions, les systèmes spiritualistes qui ont tour à tour, depuis le commencement de l'humanité, bercé le monde, il n'en est pas un seul qui ait exclu ou méconnu d'une façon quelconque le culte des esprits.

En dépit de leur mysticisme porté à sa plus haute expression, les religions sémitiques qui attribuent pourtant leur adoration à une seule et unique puissance, ont voulu voir à côté de cette dernière la foule innombrable des esprits inférieurs.

L'idée affinée et quelque peu troublante que nous nous faisons de l'invisible au point de vue des esprits célestes ou infernaux, ne diffère en rien de l'impression ressentie par les adeptes des religions orientales. Cherchez au fond des sentiments divers qui agitent les foules, vous trouverez partout et toujours la crainte et la terreur de l'inconnu.

L'homme le plus policé, le savant le plus dégagé des illusions prétendues vaines, garde, malgré lui, dans l'intimité de son être, cette terreur secrète de l'invisible qui harcèle souvent les courageux et les forts. Ce sentiment sommeille en nous comme ces instincts parfois sanguinaires, qui, à la veille d'une mêlée guerrière, réveillent au fond des âmes paisibles cette ardente soif du carnage et du sang. « A divers points de vue, a dit Jonh Lublock, sommeille en nous un sauvage ».

Lorsqu'il s'agit de religions, de croyances et de systèmes d'outre-tombe, le sauvage, enfant facile à illusionner, infiniment crédule, reparaît en nous comme aux premiers jours des sociétés.

Chez les Annamites, ce sentiment, décuplé dans son intensité, dans sa force, exacerbé, pour ainsi dire, par une éducation étrangement spiritualiste, est plus facile à constater que partout ailleurs.

Dans la famille, le culte des ancêtres,

dans les demeures, les esprits familiers ou mauvais, dans les champs et les campagnes, les gardiens de la terre font, de la vie annamite, un commerce continuel avec l'invisible, un contact de tous les instants avec le monde que nous ne voyons pas.

La recrudescence de l'idée spiritualiste en France nous donne un sujet de comparaison intéressante sur les illusions mystiques de deux peuples si faciles à impressionner.

Toutefois avant de comparer, dans un autre chapitre, ce qui n'est comparable qu'à l'aide de nombreux éléments, voyons un peu le rôle que joue l'invisible dans la vie des Annamites.

« Nous nageons, dit un philosophe de l'Annam, dans une atmosphère spirituelle, une masse éthérée, au sein de laquelle voguent, s'agitent, se battent incessamment la foule prodigieuse des esprits infernaux. C'est du combat perpétuel entre le bien et le mal que se livrent ces habitants de l'autre monde, que naissent notre bonheur ou nos infortunes. L'homme qui n'a point avec lui, pour le défendre contre les assauts du mal, quelque puissante entité venue de l'au-delà, peut être assuré de passer la plus désastreuse existence qu'il soit possible d'imaginer en ce monde. Aussi, faut-il sans cesse implorer les esprits infernaux capter leurs bonnes grâces et surtout obtenir d'eux qu'ils éloignent de nous les maladies. Car, soyez-en persuadé, la pharmacopée, la vertu des remèdes ont beau être considérables, la puissance infernale est de beaucoup supérieure à l'humble science des mortels. »

Chez les Annamites, il est admis sans conteste que les maladies sont, presque toujours, engendrées par des esprits.

Le médecin est généralement un peu sorcier et la magie côtoie ici, de très près, la médecine officielle. Quand je parle des Annamites, j'entends par là l'universalité des degrés et des castes. L'incroyance aux choses de l'autre monde est une fleur exotique qui qui ne pousse pas sur les vases de l'Annam.

En naissant, avant même d'entrer dans la vie, le jeune enfant est voué aux puissances d'outre-tombe ; si les ancêtres veillent sur lui d'un œil jaloux, les esprits du mal cherchent par tous les moyens à contrebalancer cette bonne influence. Toute la vie de l'être sera employée à les apaiser.

Il serait, en vérité, bien difficile de trouver au milieu de cet amoncellement de pratiques religieuses un seul indice de la religion savante de Bouddha Gautama, dont les Annamites sont supposés être les plus fervents adeptes. Ici, l'évolution a marché dans le sens de leur caractère perméable à toutes les sensations intenses du dehors. Dans l'âme malléable des Annamites, tous les peuples qui ont pris contact avec eux dans la série des âges ont laissé une empreinte certaine que l'observateur retrouve facilement. Peut-être est-ce là la raison pour laquelle ce caractère jovial et léger des Français a trouvé en Extrême-Orient un peuple si apte à accepter son joug et si prompt à recevoir ses institutions nationales. Avec des Anglais, les Annamites auraient souffert le martyre et n'auraient pas cessé un seul instant de fomenter des révolutions.....

Les esprits familiers ont élu domicile dans les cases. Ils entrent, la plupart du temps, par la porte, à la suite des propriétaires désignés à leur vengeance. Dès cet instant, le désordre, le malheur, la ruine sont devenus les maîtres de l'humble foyer.

Toutefois, les Annamites affirment que les esprits (*con-ma*) élisent domicile, de préférence, dans les maisons retirées, dans les villages bâtis sur d'anciens cimetières. Le village de *Thu-Thiêm*, canton d'*Anloi-Xa*, bâti en face de Saïgon, de l'autre côté de la rivière, est réputé inhabitable à cause des esprits mauvais qui s'en sont emparé.

Le soir, à la tombée de la nuit, les riverains dressent un autel minuscule sur le pas des portes. Divers récipients contenant des grains de riz blanc, du sel et les chiques de bétel traditionnelles, sont disposés entre deux cierges pour conjurer les esprits.

Dans ce hameau, les tombes vieilles de cent ans, laissant à peine apercevoir les caractères noircis par la mousse des années, sont adossées à presque toutes les cases. Avant l'occupation française, les Annamites de Saïgon avaient choisi la rive opposée pour ensevelir leurs morts. Un cimetière catholique placé au centre d'un marais rend encore ces lieux plus redoutables. A *Thu-Thiêm* les esprits mauvais ont une spécialité, ils s'attaquent surtout aux enfants en bas âge et aussi aux jeunes femmes en couches, qui s'éloignent quand elles le peuvent, afin d'éviter l'influence pernicieuse des morts.

Un vieillard à la barbiche blanche me disait, l'autre jour, avec un accent de persuasion comique : « Le village est inhabitable à cause de la quantité énorme d'esprits mauvais. Il existe beaucoup de tombeaux dans le village. Les Annamites enterrent leurs morts à tort et à travers, et voilà la cause du grand nombre des maladies qui règnent dans notre village. » Et ce pauvre vieillard, dont la case est bâtie sur un immonde marécage, n'a même pas l'idée que les émanations putrides de la terre peuvent porter atteinte à la santé des vivants.

Sous les banians solennels dont le bruissement ressemble au chuchotement immense des âmes, l'Annamite en voyage dépose son fardeau et se recueille pendant quelques minutes avant de continuer son chemin. Dans les branches colossales de l'arbre sacré, d'où pendent comme une chevelure respectable ces mille filaments noirs, qui viennent au pied du tronc puiser une nourriture nouvelle, les esprits ont élu domicile et se plaisent au doux bruit des feuilles.

Au bord d'un sentier solitaire, à une petite distance du chef-lieu, le banian de Tra-vinh faisait, autrefois, une grande impression sur les habitants. Les Annamites du petit village racontaient, il n'y a pas bien longtemps, des choses fantastiques. Un soir, à la brune, un bouvier indigène vit sa charrette renversée sous ses yeux par des mains invisibles et ses bœufs solidement attachés au tronc de l'arbre sacré. Il fallut quatre hommes, le lendemain, pour détacher ces animaux et les tirer de cette situation fâcheuse. Les esprits sont mauvais dans ce pays-là. Du reste, Tra-vinh réputé pour ses crimes, doit son triste renom aux esprits cambodgiens qui peuplent la contrée. Les Cambodgiens morts se vengent de leurs vainqueurs en venant, la nuit, harceler les pauvres Annamites. Si vous venez de ce pays-là avec une maladie tant soit peu grave, courez droit chez le sorcier, car tous les remèdes resteront inefficaces. Les neuf dixièmes des indigènes ne connaissent en fait d'observance religieuse que le culte des esprits.

Avant l'arrivée des Français à Saïgon, racontent les vieux Annamites, les manifestations de l'invisible étaient presque la monnaie journalière et courante du pays. Les sorciers, les magiciens, les guérisseurs, les charlatans et les médicastres s'étaient tellement emparés de ce pauvre peuple, que l'amiral Lagrandière dut intervenir par un arrêté local.

A moins d'une autorisation particulière, aucun Annamite n'avait le droit d'exercer la profession de sorcier. Du coup, les agissements du *ma-qui* (diable) diminuèrent notablement autour des centres. Les campagnes sont restées, néanmoins, tributaires des pratiques des magiciens. Les sorciers abondent dans les villages, même à l'époque actuelle.

Qui oserait nier, cependant, que quelques-uns de ces rebouteux opèrent des cures merveilleuses ?

Dans les pagodes, dans les Thébaïdes de la Cochinchine, des hommes vraiment extraordinaires passent leur vie à se macérer de privations, à se labourer le corps de cilices.

En observant ce peuple étrange, qui vit au grand jour, comme les enfants, dans ses cases ouvertes à tous les vents, transparentes ainsi que des maisons de verre, on se dit bien des fois que les nouveautés d'Occident sont ici choses bien vieilles. Peut-être assistons-nous à un éternel recommencement...
Le philosophe tolérant par devoir, ou par caractère, constate avec douceur que les illusions sont bien les reines de ce monde et que sur le dur chemin de la vie où peine notre race, l'homme, sans ces charmeuses, serait le plus malheureux des êtres créés.

Au pays d'Annam, les puissances d'en haut

ou d'en bas exercent leur domination, sans que personne trouve leur joug trop redoutable. Ces croyances, burinées dans le cerveau des Annamites par la main des siècles, ne disparaîtront pas de sitôt.

L'Annamite ne fait pas un pas dans la vie sans consulter l'invisible. Dans la case paisible, aux touchants anniversaires, la famille assemblée consulte l'aïeul absent, sur l'autel du foyer. Dans les événements importants de l'existence, soit quand la vie entre au foyer avec le vagissement d'un être, soit quand un familial la quitte sans retour, le pouvoir magique du sorcier exerce son ascendant inéluctable. Dans les procès, dans les affaires, au moment des semis comme à celui de la récolte, quand il vend, quand il achète, quand il se marie, quand il vit, ou quand il meurt, le fils de l'Annam tourne ses yeux vers l'étoile magique, qui brille sereine au ciel de ses illusions !

Ah ! qu'elle est puissante chez tous les peuples cette soif inextinguible de l'idéal des âmes. Comme ce besoin de spiritualisme tourmente les moins altérés de savoir !

Ballottés entre le néant de la vie et les renouveaux de la tombe, ce volage sans tête est descendu au fond de son cœur. Il a fondé, peut-être sans le savoir, le plus vibrant des systèmes, celui qui fait revivre par la descendance ancestrale les disparus de chaque jour. Touchante croyance, consolante rêverie qui aide à vivre aux bords des tombes, sur le dôme desquelles la case annamite est souvent bâtie.

Si les Annamites n'ont pas encore vu la lumière de vérité qui brille au firmament des âges, peut-être leur religion pure et consolante les aidera-t-ils à y arriver. Cette sublime religion de la famille s'est affranchie du souffle empesté et aride des néants philosophiques. A travers les nébulosités de son atmosphère religieuse, le petit Annam a aperçu une lueur.

Et qui sait après tout s'il n'a pas une parcelle de vérité?

E pur si muove!

*
* *

Pour les Orientaux, les mauvais esprits sont partout, cachés au fond des sombres demeures, hantant, tout spécialement, les vieilles et vastes maisons abandonnées. En Europe, la mère inspire la crainte à son enfant, en lui parlant de *croquemitaine.*

En Indo-Chine, les mauvais esprits de toutes catégories servent à effrayer l'enfance craintive, dans la nuit sombre, au fond de la brousse, au fond des bois. Le **Con mà** est partout, cherchant sa proie, véritable vampire des populations effarées, qui lui rendent hommage; êtres errants et vaporeux qui attendent le mortel au détour des sentiers isolés pour lui lancer des pierres et le glacer d'effroi! Souvent, on entend dire aux Annamites que le *con mà lien no* (*l'esprit mauvais*) *leur a jeté des objets à la tête.*

Entre les fanatiques épris de merveilleux, convaincus des manifestations d'outre-tombe, et les esprits invisibles qui peuplent l'espace, le sorcier ou devin des pagodes est le véritable trait d'union, l'intermédiaire redouté.

Presque toutes les pagodes de quelque importance possèdent leur sorcier ou devin célèbre à dix lieues à la ronde.

C'est, d'ordinaire, un Chinois maigre, émacié par les jeûnes et les macérations, qui vit retiré derrière les autels et qui passe son existence silencieux au fond des temples solitaires.

La première condition pour être vénéré

des fidèles est de garder une chasteté et une continence que rien ne peut ébranler.

J'ai connu plusieurs de ces anachorètes avec lesquels j'ai eu des relations très suivies. Mes renseignements particuliers me permettent d'affirmer la stricte observance, de leur part, de la chasteté et de la continence charnelle. Toutes les personnes voisines des temples sont absolument d'accord sur ce point.

En temps ordinaires, ces sorciers ne se distinguent guère du reste des hommes, si ce n'est par une maigreur extrême et un étrange regard égaré.

Ils vivent, retirés au fond des pagodes, du produit des aumônes que les fidèles ne cessent de leur apporter en échange de leurs pratiques et de leurs prédictions. C'est là qu'on vient les consulter sur les procès, les affaires commerciales, sur des objets perdus ou volés. Ils ont presque toujours des notions assez étendues sur la médecine ; les remèdes qu'ils donnent aux malades sont considérés par le peuple comme possédant une très grande efficacité.

Pendant les heures calmes du cycle habituel, rien ne vient signaler leur vertu, leur puissance merveilleuse. Mais, à l'approche des grandes fêtes, l'esprit vient s'emparer de leur personne pour l'envahir totalement.

Les indigènes disent, alors, que l'esprit est venu et que le sorcier va sortir pour parcourir la ville. *Ong bôm lèn roi.*

Le sorcier est monté. C'est-à-dire a été porté en triomphe sur des tréteaux.

Quelques heures avant d'entreprendre sa tournée religieuse à travers les rues de la ville, l'anachorète entre en *transe*, jette des cris, se roidit furieusement et se débat comme un possédé au milieu de contorsions épouvantables.

Ses yeux hagards brillent comme des escarboucles et semblent lancer du feu : c'est alors qu'en présence des fidèles avides de ramasser les débris sanguinolents qu'il va laisser tomber il commence ces mutilations épouvantables qui toujours ont étonné les témoins oculaires de ces sortes de cérémonies. Avec la lame effilée d'un sabre, il se coupe la langue en plusieurs endroits, très profondément, ou bien il partage en deux sa lèvre inférieure.

Il s'enfonce des couteaux dans les muscles de la poitrine ou se traverse les joues sans proférer un cri.

Des entailles qu'il s'est faites sur les diverses parties du corps, sort un sang abondant qu'il essuiera avec des carrés de papier sacré, soigneusement ramassés le long des chemins, par la foule pieuse des fidèles.

Ces morceaux de papier, imbibés de sang et de salive, préserveront les enfants des maladies contagieuses, ou éloigneront du foyer les malheurs que les esprits toujours à l'affût d'une mauvaise action cherchent à faire tomber sur les mortels malchanceux.

Les mutilations terminées devant l'autel de Bouddha, le sorcier demande à sortir dans la ville. Sur une espèce d'escabeau, placé sur une table, il se tient tout droit, le torse nu, la figure ensanglantée, transpercée de couteaux ou de grosses aiguilles! Le tamtam est battu dans les pagodes et la foule suit bruyamment, en désordre, le sorcier qui fait sa sortie et qui vient de *monter. Len roi*!

Sur son passage, les Chinois, les Annamites feront brûler des pétards et piqueront dans toutes les fentes à la portée de leurs mains, des bâtonnets odoriférants, pour éloigner les mauvais génies de leurs demeures.

*
* *

Tout sorcier qui se respecte et qui veut maintenir sa renommée dans les pays d'alentour, doit, tous les ans, se soumettre à certaines épreuves et donner au monde un échantillon de sa puissance et de ses hautes vertus.

Donc, tous les ans, à une époque déterminée, qui correspond dans le cycle annamite à une fête religieuse, **le Ong bong** de la pagode *Chua Thanh*, à Pnompenh, doit marcher sur des charbons ardents et se faire arroser d'huile bouillante, sans proférer une plainte, sans manifester la moindre douleur. Après avoir jeûné pendant plusieurs jours, l'anachorète se met un beau matin en prières jusqu'à midi. Il entre subitement en transe, se roidit, tourne un certain nombre de fois sur lui-même, se prosterne, fait brûler des papiers sacrés et des bâtonnets devant l'image sainte et enfin se dispose à commencer la redoutable épreuve du feu devant un nombre immense d'assistants.

Dans la cour de la pagode, un tas énorme de charbon de bois enflammé est disposé, tandis que sur les côtés du bâtiment chauffent de grandes bassines remplies d'huile d'arachides.

Au signal convenu, le charbon est étendu sur un sentier d'environ vingt-cinq mètres et sur une épaisseur d'un pouce seulement.

Et lentement, sans ostentation, sans un cri ni une plainte, le saint homme, *pieds nus*, se promène sur ce chemin en flammes, trois à quatre fois, aller et retour. De là il se rend aux bassines d'huile bouillante et s'arrose à diverses reprises du liquide brûlant.

Les assistants se pressent autour du sorcier, pour recueillir les gouttes qui tombent de son corps ruisselant et rougi par la chaleur de l'huile.

Le saint homme, le torse et les jambes nus, les reins ceints simplement d'un léger pagne, garde une attitude résignée, et regagne, suivi d'un grand nombre de fidèles, la demeure qui lui est assignée auprès des autels.

Les notables annamites font ordinairement connaître à la population européenne et surtout aux fonctionnaires du gouvernement le jour et l'heure de l'épreuve du feu et de l'huile bouillante.

Des places sont réservées aux autorités,

de sorte que tout curieux peut être témoin de cette cérémonie sans payer et tout à son aise.

En 1892, j'assistai à côté d'un grand nombre de compatriotes à une épreuve de ce genre, dans la pagode annamite de Phnompenh, en face du Palais, près de la digue.

Je me trouvais avec un médecin de la marine et je voulus m'enquérir de l'état du sorcier, après son infernale promenade sur les charbons ardents.

Ce jour-là, deux anachorètes avaient pris part à l'épreuve.

Le jeune sorcier, Chinois métissé d'Annamite, m'avait paru trahir la douleur cuisante, que le passage de l'huile bouillante avait produite sur ses épaules nues. Je le vis de près, accroupi sur un lit de camp, morne et résigné comme une bête mise en cage. Il avait semblé souffrir terriblement. Ses traits étaient tirés, sa pâleur livide. C'était, sans doute, un apprenti sorcier qui manquait d'expérience. Il portait vingt-six ans tout au plus.

Le vieux saint homme était au contraire impassible. Les cheveux en désordre, le corps rougi et maculé, il semblait ne pas souffrir. Il ne parlait pas et la dignité du lieu, le sérieux des personnes graves qui l'entouraient, m'empêchaient de lui adresser quelques paroles dans sa langue.

« Croyez-vous qu'il ait souffert? demandai-je à un vieil Annamite riche, chef de quartier et homme très pieux.

« Assurément non, me répondit-il. Les sorciers (*ong bong*) de grand mérite, ne ressentent pas la moindre douleur; quelques minutes après l'épreuve, il n'y paraît rien, leurs pieds sont comme les vôtres, sans aucune trace du passage du feu. Venez dans trois jours et vous vous assurerez par vous-même de ce que j'avance. Ce vieux saint homme a gardé, pendant une semaine, un sabre planté dans les muscles du bras. »

Nous partîmes, mon ami et moi, en esquissant un léger sourire, fort impressionnés par la scène que nous venions de contempler.

VII

LA MORT CHEZ LES ANNAMITES

L'idée de la mort. — L'enfer des Annamites. — Amphu et le royaume des ombres. — Les supplices des méchants. — Un philosophe annamite. — Une femme stoïque. — Les tombeaux et les sépultures. — Le grand mandarin de Thudaumot.

Tous les peuples, sans exception, ont éprouvé devant la mort un sentiment d'horreur et de profonde tristesse. Tous, depuis le sauvage farouche des hauts plateaux de l'Annam, jusqu'à l'homme civilisé de la vieille Europe, muni d'un système religieux assez élevé et en rapport avec le degré qu'il occupe dans l'échelle des races, tous, dis-je, ont considéré cette décomposition finale, cette désagrégation des éléments comme une punition, un malheur inéluctable, devant lequel l'humanité est sans armes et sans recours.

Mais, si tous les peuples ont peur de la mort en quelque manière, tous ne vont pas vers ce terme fatal avec la même appréhension; chacun, enfin, possède une façon variée d'envisager l'horreur et l'effroi qu'il inspire.

Ce sentiment, on le comprendra sans peine, est étroitement lié à l'éducation qu'a reçue ce peuple, à ses croyances religieuses et, surtout, à l'idée qu'il se fait du lendemain de la mort.

Malgré la haute philosophie dont se targuent les savants annamites, les incroyants et les impies sont excessivement rares dans ce pays.

Il est donc curieux de rechercher comment ce peuple enfant envisage le terme fatal de toutes choses et avec quel état d'âme il affronte la mort.

Les philosophes qui ont étudié cette question ont prétendu que notre système religieux admettant l'éternité des peines, a rendu effroyable aux yeux du vulgaire le moment du trépas. Je ne saurais me prononcer là-dessus, mais je constate cependant que, chez les Annamites, les supplices réservés aux méchants dans l'autre vie, pour n'être pas éternels, n'en sont pas moins affreux.

L'Annamite ne peut pas concevoir, comme nous, l'idée de l'éternité ; un chiffre suivi d'une série quelconque de zéros reste incompris des plus intelligents, des plus capables. Il n'est pas bien sûr, même, que les Annamites chrétiens se représentent clairement ce dogme de notre religion.

Dans tous les cas, interrogeons un Annamite policé des villes et demandons-lui ce qu'il deviendra, au lendemain de la mort. Très nettement il vous répondra que son corps ira se décomposer dans la terre et que son âme descendra chez *Am-phu* pour y être jugée.

Am-phu, c'est le maître du royaume des Ombres, des Enfers, des lieux inférieurs des anciens. Là, suivant que l'homme aura bien ou mal fait sur la terre, qu'il aura été bon, compatissant ou dur envers les malheureux, il sera puni ou récompensé selon ses œuvres.

Ne demandons pas à cet Annamite ce qu'il entend par récompense; c'est une idée fort embrouillée que nous traiterons à part. Contentons-nous, pour le moment, de faire un voyage aux Enfers des Annamites et de jeter un coup d'œil rapide sur les supplices épouvantables qu'y subissent les méchants.

Tous les tourments inventés par l'imagination en délire des fondateurs de religion sont à la portée de nos regards, au fond de cette sombre demeure.

Une peinture naïve, qu'un dessinateur annamite nous a procurée, montre avec beaucoup de détails toute la série de supplices que les tortionnaires de l'autre monde font subir aux coupables, dans le royaume d'en bas.

Ici, un voleur a les poignets coupés par un bourreau à face de tigre.

Plus loin, le marchand qui a trompé les acheteurs sur le poids et la valeur de la marchandise est accroché à une immense balance, jusqu'à ce qu'il ait expié ses méfaits.

La femme adultère est sciée entre deux planches par des hommes rouges et, à côté d'elle, son complice chargé de chaînes est dévoré tout vivant par des vautours affamés.

Le bourreau crève à l'aide d'une vrille rougie au feu les yeux de celui qui a convoité l'épouse de son voisin; les femmes publiques sont plongées dans un bassin d'huile bouillante. Le traître à son roi est pilé, réduit en bouillie dans un mortier mécanique; le parjure subit le supplice de la bastonnade et de la cangue pendant que ses pieds grillent sur des charbons ardents. Et ces tourments recommencent tous les jours, jusqu'à ce que l'expiation soit complète.

Des voyageurs qui ont visité en détail la capitale de la Chine m'ont affirmé que ces supplices barbares existent encore aujourd'hui dans les prétoires de Péking.

Malgré l'horreur que peuvent inspirer aux

croyants ces peines affreuses, les Annamites, en général, affrontent la mort avec calme et une tranquillité d'âme inconnus aux peuples de l'Occident. S'ils ne la désirent point, ils ne la craignent pas davantage, convaincus de l'inutilité de leurs récriminations et de leurs plaintes, quand le terme fatal est arrivé. « Le ciel l'a voulu ainsi ; le chiffre était écrit, nous ne pouvons rien y faire », répètent-ils quand un des leurs quitte la vie.

C'est peut-être à ce sentiment fataliste que sont dus les rares actes de désespoir et les suicides que nous remarquons chez les Annamites.

La mort est une délivrance, un repos bien gagné. Ils sont totalement familiarisés avec elle, et les pleurs qu'ils versent lorsque le défunt quitte la maison mortuaire sont plutôt pour satisfaire à une vieille habitude que pour regretter celui qui est parti.

Dans les rues les plus fréquentées, les marchands de cercueils étalent, à grands frais, leur lugubre marchandise. On vient acheter son cercueil comme on achèterait un objet d'art ou de luxe. Les riches conservent religieusement dans leurs demeures les bières somptueuses, bariolées et sculptées sur les bords, que des parents pieux leur ont données en cadeau, le jour de leur fête. Ces cercueils servent souvent de meubles ! Nous en avons vu que l'on employait comme garde-manger !!...

Des écrivains sincères ont pu écrire, en comparant la religion de Bouddha à la religion chrétienne, que la première avait donné au monde des hommes aussi bons, sinon meilleurs. Dans tous les cas, les maximes que nous lisons dans les livres annamites, qui ont trait à l'idée que l'homme doit se faire de la mort, produisent sur l'esprit des Occidentaux un étonnement considérable.

L'étude d'une des belles figures de ce peuple va nous donner un aperçu de la grandeur du caractère de quelques-uns :

« Phan-thanh-Giang, grand général annamite, conclut la paix et obtint, par son habileté diplomatique, la rétrocession de la province de Vinh-Long. Il fut alors envoyé en ambassade à Paris, puis, à son retour, nommé vice-roi des trois provinces orientales.

« C'était, quand nous l'avons connu, dit Luro, un beau vieillard plein d'imposante distinction, à l'aspect noble et à la physionomie spirituelle.

« Cet homme remarquable avait depuis longtemps compris qu'il était impossible de résister à la France et jugeait inutile une lutte où ne coulait que le sang des Annamites. Il espérait que ce traité de paix serait fidèlement exécuté, que ses compatriotes deviendraient nos élèves et comme les disciples de notre civilisation.

« Ces rêves des grands cœurs se réalisent rarement ; ce n'est pas sans des ébranlements profonds, sans des luttes prolongées et douloureuses, qu'une civilisation en absorbe une autre. Le Gouvernement français, las des attaques perpétuelles, incorpora les trois provinces à la Cochinchine française.

« Phan-thanh-Giang ne fit pas une résistance qu'il savait inutile. Il ordonna de rendre la citadelle aux troupes françaises, et fut obéi. Mais, fidèle à son roi, et pour se punir de ce qu'il n'était pas en son pouvoir d'empêcher, il refusa les offres généreuses du vainqueur, et, avec la sérénité d'un vieux Romain, prit un breuvage empoisonné.

« Le vice-roi des trois provinces mourut dans une pauvre maison de chaume qu'il avait habitée pendant le temps de son gouvernement.

« Après avoir pris le poison, il consacra les moments qui lui restaient à vivre à dicter ses dernières volontés et à écrire des maximes philosophiques sur la vanité de l'existence et l'inanité des grandeurs de ce monde que nous tenons prosivoirement du ciel ».

Un dernier trait montrera jusqu'à quel point la mort est méprisée chez les indigènes, même illettrés, des campagnes annamites.

Pendant la première année de mon séjour dans ce pays, j'eus l'occasion d'assister, à Bien-hoa, à une exécution capitale. Six malfaiteurs, les mains liées derrière le dos, attendaient sur le glacis de la citadelle que le bourreau eût terminé ses préparatifs. Tous étaient jeunes, bien musclés et pleins de vie. Malgré les dures souffrances du cachot, leurs traits sereins trahissaient une tranquilité d'âme peu commune ; on se doutait à peine, à l'inspection de leur visage, que ces jeunes hommes allaient mourir.

Ils étaient accusés de piraterie et avaient brûlé une chrétienté du voisinage, après avoir pillé et violé à qui mieux mieux.

Le plus jeune des six condamnés à mort avait à peine vingt ans ! A ses côtés, une vieille femme annamite, l'œil humide, parlait à voix basse, roulant de temps en temps des cigarettes qu'elle tendait au condamné. C'était sa mère ! Nous nous approchâmes discrètement et entendîmes les courageux conseils donnés par cette vieille femme à cette heure suprême de la mort. Une envie de pleurer, un de ces courants irrésistibles de pitié étreignit l'âme des quelques témoins européens de cette scène. Nous aurions tous signé, des deux mains, le recours en grâce de ce malheureux enfant.

Il passa le dernier sous le sabre du bourreau, à la demande expresse de sa mère qui, sans cesse, lui mettait des chiques de bétel à la bouche et roulait jusqu'à la dernière minute des cigarettes de tabac. Elle l'embrassa sans faiblir, une dernière fois, et se détourna doucement pour ne point voir la justice des hommes accomplir son œuvre.

Cette femme mérite de passer à la postérité !

Nous l'entourâmes, après qu'elle eût rendu les derniers devoirs à son fils, et nous eûmes la conviction que, quelle que soit l'enveloppe qui l'abrite, le cœur d'une mère est toujours un abîme insondable d'amour et de charité.

Les Annamites vivent, pour ainsi dire, au milieu de leurs morts. Autour des villages, les tombes bordent les chemins, dans les jardins privés, dans les champs ensemencés, où l'aïeul dort son dernier sommeil, sous la verte rizière. Un grand nombre de maisons annamites sont bâties sur des tombeaux.

Parfois, à travers la plaine monotone, dans l'immense nécropole qui s'étend entre Saïgon et Cholon, on voit serpenter au loin des files blanches d'indigènes portant des présents, des cierges ou des bâtonnets odorants, destinés aux funèbres anniversaires. Dans ce pays, la mort semble un prolongement de l'existence terrestre et, sous l'argile noire des alluvions, le grand-père endormi dans sa bière conserve néanmoins, pendant de longues années, sa place habituelle au foyer.

*
* *

Malgré l'unité commune de religion, qui sous le nom général de bouddhisme semble grouper les intérêts moraux d'ordre sacré des peuples de l'Extrême-Orient, les rites de l'ensevelissement et de la mort affectent un culte différent chez les diverses nationalités de l'Indo-Chine. L'unité de croyances n'existant nulle part, et chaque groupe l'ayant vue à sa manière, les modes de sépulture ont dû varier suivant l'idéal que chaque peuple se fait de la mort et des fins dernières de l'homme.

Chez les Annamites, le culte du dernier jour attribué à la dépouille mortelle des proches parents ne varie guère sur toute l'étendue de l'Indo-Chine. Après avoir accompli les cérémonies funèbres que prescrivent les coutumes ancestrales, ils déposent le cadavre dans un cercueil de bois, ordinairement plus ou moins précieux. Le cercueil est toujours un meuble de luxe chez les Annamites ; les familles riches conservent ceux de leurs membres avancés en âge dans une pièce spéciale contiguë à l'autel du foyer. La présence de cet objet funèbre n'attriste nullement la vue des intéressés, tant est grande l'indifférence pour la mort, chez les peuples de l'Indo-Chine.

Il est rare que dans le tombeau, toujours construit avec soin, et affectant des formes architecturales sévères, il est rare que les parents déposent autre chose que quelques aliments et les habits du défunt. Autrefois cependant, les riches habitants de l'Annam ensevelissaient leurs morts avec tous leurs bijoux et même une certaine partie de leur fortune.

Et voilà la raison pour laquelle en creusant des tranchées, ou en perçant des routes, les ouvriers ont souvent trouvé des sépultures renfermant de véritables trésors. Pour les grands dignitaires de la couronne, la sépulture prenait des proportions grandioses; c'étaient souvent de vrais palais renfermant des chambres nombreuses, où l'esprit du mort venait chercher les objets qui lui avaient été chers pendant l'existence. Aussi déposait-on dans le sépulcre la bibliothèque, les jeux d'échecs, les objets d'amusements, les tableaux, les pipes et autres objets divers affectionnés par le disparu. Dans certaines contrées, le cercueil des grands devait être veillé par une garde d'honneur durant de longues semaines, au fond des nécropoles où brûlait sans cesse la petite lampe d'argent. Parfois, l'unique gardien du cadavre était un prisonnier de guerre, ou condamné pour crime, qu'on enfermait vivant dans la sépulture avec mission de veiller sur les restes du grand dignitaire engourdi par le sommeil de la mort.

Il existe à *Thudaumot*, tout à côté de la maison de l'administrateur, un tombeau antique, couvert d'inscriptions en caractères chinois. A cet endroit fut enseveli, il y a environ cent vingt ans, un grand dignitaire de l'empire, chargé de gouverner provisoirement la province révoltée. Les écrits qui me sont tombés sous la main apprennent que des funérailles splendides lui furent faites, et qu'un tombeau magnifique lui fut construit par ordre du roi.

Les travaux d'infrastructure de ce tombeau sont bien plus importants, paraît-il, que tous ceux que nous voyons à la surface du sol. Dans la chambre principale du caveau, le cercueil fut déposé à côté de l'autel des ancêtres; à droite et à gauche et dans deux galeries adjacentes, les objets chers au défunt pendant la vie. Un grand compartiment faisant suite au sépulcre renfermait pour trois mois de vivres destinés aux deux gardiens *Moïs*, qui devaient mourir après complet épuisement de provisions, à côté de la dépouille du grand homme. Les écrits mentionnent même jusqu'à la liste des comestibles déposés dans le tombeau.

Outre plusieurs picules de riz et de poissons secs, les deux malheureux avaient pour trois mois de luminaire, représentés par trois énormes jarres d'huile de coco.

Un petit trou ménagé au-dessus de la voûte sépulcrale permettait à l'air de se renouveler et de constater, par le mince filet de fumée produit par les lampes funèbres, que les deux infortunés vivaient toujours. Ces deux sauvages *Moïs* avaient été capturés par les soldats de *Thudaumot* au cours d'une incursion opérée sur leur territoire, pour les punir de leurs nombreuses dépradations sur la frontière annamite. Ils furent donc murés vivants dans ce caveau funéraire, et le dernier moellon de granit qui acheva de fermer la voûte leur cacha pour jamais le dernier rayon du soleil. Ils vécurent, dit-on, plus de cinq mois dans cette prison affreuse et lorsque les chefs du village cessèrent d'apercevoir la pâle colonne de fumée qui sortait par le petit orifice, ils vinrent en grande pompe boucher la dernière communication du sépulcre avec l'air extérieur.

*
* *

Les annales annamites prétendent que les grands dignitaires d'autrefois adoptaient la coutume barbare de faire garder leur dépouille, au fond des tombes, par un enfant esclave qu'ils achetaient fort cher. Le gardien devait être, la plupart du temps, une jeune fille vierge dont la pureté devait être constatée par deux matrones de l'endroit. Comme les deux sauvages dont je viens de parler, la pauvre enfant était murée vivante dans le sépulcre du grand dignitaire, avec les trois mois de vivres traditionnels.

Il existe, paraît-il, à côté de *Govap* un tombeau de grand mandarin de l'empire, qui ensevelit ainsi vivantes deux jeunes filles du petit chef-lieu. A *Thudaumot*, la superstition est venue greffer sur cet événement une série de contes fantastiques. Les vieilles femmes du village prétendent que les deux gardiens sauvages ne sont pas morts, et que, parfois, des gémissements, venus des profondeurs, se font entendre dans la nuit sombre.

*
* *

Au Cambodge, la religion veut que les corps soient *incinérés* après la mort.

La crémation a lieu très souvent le jour même du décès dans un endroit affecté à cette coutume funèbre. Toutefois, les riches gardent souvent la dépouille mortelle des leurs dans un cercueil déposé soit à la pagode, soit dans la plaine où il est recouvert alors d'une simple couche de vase. Ceux qui ensevelissent provisoirement leurs proches creusent des trous peu profonds, laissant presque toujours le couvercle du cercueil émerger à la surface.

Dans les monastères du Cambodge, la coutume ou, plutôt, les prescriptions religieuses, exigent que le corps soit conservé pendant plusieurs mois et même pendant plusieurs années avant d'être incinéré selon les rites. Les bonzes transportent alors, après les prières consacrées, le cercueil du défunt dans un endroit touffu, voisin du monastère, et le placent sur un tréteau soutenu par quatre piquets fichés en terre.

Un petit toit de chaume recouvre la sépulture provisoire et la garantit des intempéries.

La crémation se fait presque toujours en plein air sur un bûcher ordinaire, orné d'étoffe rouge et de feuilles de bananier.

Au Siam, les pieux personnages croient accomplir un acte méritoire en livrant leur cadavre aux vautours. Le jour de la mort, le corps est apporté dans une pagode spéciale et lacéré à coups de couteaux ; il est ensuite livré en pâture à des oiseaux affamés ou à des animaux immondes. Je ne connais rien de plus impressionnant que cette barbare coutume sur l'esprit des Européens. Le squelette est brûlé immédiatement après sur un bûcher allumé sur place.

Chez les sauvages du Nord de la Cochinchine, qui n'ensevelissent pas leurs morts, le cadavre est roulé dans une matte et porté au sommet d'un arbre, où le soleil le dessèche comme une momie.

Ainsi se manifeste chez les peuples divers de la grande presqu'île, ce mépris de la mort, qui est le fond de leur caractère et la raison d'être d'un grand nombre d'actes moraux.

VIII

LA MÉDECINE ET LES MÉDECINS CHEZ LES ANNAMITES

Petit aperçu historique. — Médecins Chinois et médecins Annamites. — La pharmacopée indigène. — Mépris des Annamites pour la médecine européenne. — Le Chinois guérisseur. — L'art de tater le pouls. — Guérisons remarquables. — Atavisme et assimilation. — La science de l'Orient et de l'Occident. — L'art de guérir. — Le charlatan de Gia-Dinh. — Quelques préparations pharmaceutiques. — La corne de cerf. — Le fiel de corbeau. — La brique pilée, etc. — Exorcismes et Maléfices.

Malgré tous les efforts de la civilisation et du progrès pour pénétrer les masses populaires, que les récentes conquêtes de la France ont placées sous notre domination en Extrême-Orient, il est certaines croyances ataviques, certaines théories séculaires profondément enracinées dans l'âme des Annamites, que le contact civilisateur ne détruira pas encore de longtemps. Si les indigènes ont adopté les nombreuses améliorations apportées par la science moderne, il ne faudrait pas croire qu'ils soient hantés du désir d'abandonner, à bref délai, les coutumes enracinées qui font partie de leur vie courante.

De toutes les observations, celle qui a produit chez moi le plus grand étonnement, dans mes études sur les Annamites, c'est la façon dont ils exercent la médecine, le mépris qu'ils professent à l'égard de la pharmacopée européenne et de nos médecins en général. J'ai pris sur le vif quelques observations sur l'exercice de la médecine annamite dont je suis heureux aujourd'hui de faire bénéficier mes lecteurs.

Il n'y a jamais eu, à proprement parler, des écoles spéciales pour l'enseignement de la médecine dans l'empire annamite. Toutefois, nous devons à la vérité de reconnaître que les médecins de la maison royale faisaient école à Hué sans cependant professer leur art sur des chaires universitaires. Une poignée d'élèves, fils, pour la plupart, des premières familles de la capitale, se groupaient autour des plus célèbres astrologues du monarque, pour recevoir de vive voix leurs enseignements, consistant généralement dans l'explication des livres anciens venus de Chine ; ils assistaient aussi à leurs cliniques et leurs seuls titres à la confiance populaire étaient simplement d'avoir été l'élève de tel ou tel médecin renommé. Au bout de quelques années, l'étudiant en savait autant que le maître sur toutes les maladies qui affligent l'humanité. Mais ce n'est pas tant sur l'historique de l'art médical chez les Annamites, que sur les procédés employés par eux pour reconnaître et guérir toutes les maladies, que je veux insister ici. L'art de la médecine est resté stationnaire depuis des milliers d'années chez les *Giao-Chi*; il remonte aux temps les plus reculés et il est, tel que nous le voyons aujourd'hui, contemporain des plus vieilles sociétés annamites.

Les fils de l'Annam n'ont, en somme, rien inventé et, à part les nombreux procédés empiriques des médicastres et des astrologues, tout leur a été enseigné par les livres chinois, dont la plupart remontent à des milliers d'années d'existence. On dit souvent que l'art de la médecine a fait en réalité peu de progrès de par le monde, il n'est pas de pays où cette science soit restée plus stationnaire qu'en Annam et en Chine depuis deux mille ans.

*
* *

Le médecin annamite est un phénomène : il exerce généralement son art de père en fils depuis ses ancêtres les plus reculés. Il a peu étudié dans les livres, mais le bagage scientifique s'est accru d'un grand nombre de secrets à chaque génération. Avec ce qu'il sait, il peut guérir toutes les maladies connues et, à part les opérations chirurgicales, il tentera toutes les guérisons. Les Annamites professent un souverain mépris pour l'art de la chirurgie ; ils affirment que sans le secours du scalpel et du bistouri toutes les affections, toutes les plaies, toutes les déformations traumatiques doivent céder à l'emploi judicieux et à la vertu curative des simples de la nature.

Le médecin (*ông thây thuôc*), ou mieux le maître des remèdes, est appelé près d'un malade. Si le patient est trop avancé il récuse ses services, car il y va de sa bonne renommée de guérir tous ses malades lorqu'il a traité à forfait la guérison d'une maladie. S'il espère pouvoir juguler le mal à brève échéance, c'est une affaire d'entente entre le malade et lui. Le patient paiera une certaine somme d'avance et le gros du complément après guérison. Le médecin est obligé de fixer le nombre de jours ou de mois pour rendre son homme valide, sans quoi son art est mis en suspicion. De plus, le malade doit s'apercevoir au bout de quelques jours de l'heureuse influence du traitement ; si, en dépit des médecines administrées par le *ông thây*, son état reste stationnaire, le patient va chercher un autre Esculape plus habile que le premier.

J'ai connu de riches Annamites affligés d'une maladie de langueur reconnue incurable par les médecins de l'Europe, qui ont épuisé toute la liste des médecins Chinois et Annamites de la capitale et des provinces du Bas-Annam. Ils se donnaient pour raison, en guise de consolation suprême, qu'ils n'avaient pas encore rencontré le remède adéquat à leur mal. Les Annamites et, avec eux les Chinois, s'imaginent qu'il existe dans la nature un remède infaillible pour chaque maladie ; cette maladie, quoique semblable aux autres du même genre, peut varier suivant le tempérament et la disposition de chacun. Dans ce cas, le remède varie également, mais il existe et il suffit de réussir à mettre la main dessus. Quand un médecin a consenti à mener à bonne fin un traitement quelconque, il fournit lui-même les remèdes ; le patient sait rarement ce qu'il absorbe et il n'en a cure, tant est grande sa confiance dans le *ông thây*.

Les médecins chinois sont généralement pharmaciens herboristes. Il en est à Saïgon et à Cholon, qui jouissent auprès des Annamites d'une vogue inouïe. Et de fait, pourquoi ces herboristes, fils du ciel, ne jouiraient-ils pas d'une réputation véritable puisque à ma connaissance ils ont guéri, chez des Annamites de marque et même chez des Français, des diarrhées tenaces, des dysenteries chroniques et incoërcibles, des dyspepsies anciennes et, jusqu'à (chez un fonctionnaire annamite très connu à Saïgon) une hémoptysie d'une gravité exceptionnelle que toutes les lumières de la science médicale européenne n'avaient pu enrayer. J'assistais à la consultation et, dans mon scepticisme longtemps raisonné, j'admirais la contenance tranquille et réfléchie de ce grand médecin du Céleste-Empire. Autour de la couche de l'illustre malade qui, dans la journée, avait vomi un litre de sang pur, les parents consternés buvaient, pour ainsi dire, les paroles du médicastre. Et quand il eut parlé, un rayon de soleil sembla illuminer ces figures glabres, ces rebelles du progrès auxquels la vie du moribond tenait à cœur d'une manière si étroite.

Après avoir longuement interrogé, le fils

du ciel se mit en devoir de tâter le pouls du malade, opération toujours délicate chez les indigènes, car les professionnels habiles doivent, au battement des artères, reconnaître non seulement la nature du mal, mais aussi son siège exact dans l'organisme. Le tâtement du pouls dura trente minutes, à la main droite et à la main gauche. L'Esculape chinois s'était recueilli et semblait écoute plutôt que sentir sous ses doigts, dans le vague lointain de l'observation, les podromes divers de la maladie interne. Il se leva comme mû par un ressort, les yeux toujours fixés sur le visage du malade : « Je vous guérirai, dit-il, d'une voix résolue, non pas définitivement, car dans son état actuel votre mal n'est pas absolument curable, mais je vous garantis contre ses atteintes pendant une période de dix années. » Le Chinois fit son prix, relativement peu élevé, et, envoyant un de ses aides chercher des médecines pressantes, il resta toute la journée auprès du moribond. Je revis mon ami quinze jours plus tard. Non seulement sa faiblesse avait disparu, et ses vomissements sanguins cessé, mais il était comme transfiguré tant les remèdes du guérisseur avaient produit chez lui des effets salutaires. Depuis un an sa santé s'est maintenue, non avec la force robuste du jeune âge, mais il paraît en dehors de toute atteinte grave mettant ses jours en danger.

*
* *

Rien de plus curieux que la consultation d'un médecin Chinois chez un riche Annamite. L'opération du tâtement du pouls est toujours solennelle[1] car, ainsi que je l'ai dit précédemment, les médecins indigènes doivent tout reconnaître à sa plus ou moins grande force, ou à sa variation. Les Annamites sont persuadés que leurs médecins possèdent à cet égard une science supérieure à celle des universités occidentales, et qu'ils ne peuvent se tromper s'ils sont tant soit peu habiles

1. Il n'est pas nécessaire que le médecin soit en contact direct avec le patient pour bien saisir son affection, au battement de ses artères. On raconte que les médecins de Hué, qui ne pouvaient pénétrer, d'après les usages et les rites du Palais, dans le harem du Monarque, arrivaient tout de même à établir journellement la clinique des femmes malades aimées du roi. Ils leur faisaient attacher autour du poignet un fil de soie, qui communiquait avec l'extérieur par des trous ménagés dans la cloison épaisse. Les célèbres médecins de Sa Majesté annamite arrivaient ainsi, dit-on, à connaître toutes les maladies des favorites royales sur le visage desquelles les simples mortels ne pouvaient jeter leurs regards sous peine de mort.

dans leurs diagnostics. Après avoir inspecté le pouls d'un patient, l'Esculape doit dire sans se tromper : « Vous avez telle et telle maladie, son siège est à tel endroit, elle a débuté de telle et telle manière ; vous avez chaud ou froid *dans le ventre*, etc., etc. »

Les Chinois, dans leurs livres médicaux, reconnaissent l'existence de deux grands principes, le froid et le chaud. C'est dans ces deux catégories que sont classées toutes les maladies humaines, et c'est à l'opposition, à la lutte que se livrent ces deux principes dans l'organisme, que se rapportent les souffrances qui assiègent le genre humain. Les maladies ne sont pas cataloguées, ainsi que chez nous, par les sino-annamites ; leurs noms et classifications se résument en somme à peu de chose, *le ventre* constituant la portion centrale et générale de l'individu humain. Un Annamite malade des poumons ou du cœur dira *qu'il a mal au ventre*, aussi bien bien que s'il souffre des reins ou de la vessie. Le ventre est le pivot de l'organisme au centre duquel les orientaux ont placé toutes les affections morales telles que : l'amour, la haine, les désirs violents, le souvenir et la reconnaissance. Ils disent d'un ingrat *qu'il a le ventre mauvais* (*Cai bung xau qua*) ; ils désirent ardemment dans le ventre et se souviennent également, dans le ventre, des mauvais traitements qu'ils ont subis : « Quelle détermination pensez-vous prendre? » demande-t-on à un Annamite. Il répond invariablement : « Attendez que *j'aie pensé dans mon ventre* et je réfléchirai ».

Le cerveau n'est rien pour eux, ou peu de chose; le grand sympathique de l'homme n'atteint pas de pareilles hauteurs.

L'appréhension, ou plutôt la méfiance que les indigènes de l'Annam professent à l'égard de la science médicale européenne, n'est pas non seulement l'apanage des classes populaires, les lettrés et tous les Annamites qui ont reçu une éducation soignée nourrissent le même mépris pour nos substances pharmaceutiques[1]; s'ils usent de nos préparations dans les maladies bénignes, ils déserteront rapidement nos officines, dans le cas où un mieux sensible ne se fera pas sentir

1. Il est pourtant certains médicaments européens auxquels les indigènes ont reconnu des vertus vraiment héroïques. Nous citerons la quinine, certaines préparations mercurielles, la poudre d'iodoforme, plusieurs médicaments à base de morphine, et, enfin, quelques reconstituants. Les pharmaciens chinois les possèdent, du reste, presque tous, et ils sont hautement appréciés par la société annamite.

au bout de trois jours. Ils donnent, pour expliquer ces préférences, des raisons contre lesquelles la logique est sans recours. « Les Français habitués, eux, à user de médecines européennes, peuvent se trouver bien de leur emploi ; mais un Annamite habitué également aux remèdes du pays irait à une mort certaine s'il voulait se mettre indistinctement à l'usage des deux théories. »

L'hôpital est considéré par les indigènes comme un lieu de désespérance où vont mourir infailliblement tous ceux qui en passent le seuil. Pour ces naïfs, tout homme conduit à l'hôpital pour une maladie un peu grave est un homme condamné d'avance, et il n'en est pas un seul qui ne vous conseille en même temps, comme tentative suprême, d'essayer les remèdes annamites ou chinois. L'indigène, toujours un peu avare quand il s'agit de son intérieur familial, devient d'une prodigalité extraordinaire quand il s'agit de rechercher le médicament qui viendra à bout de sa maladie. Si l'aisance sourit au foyer domestique, il n'est pas de célèbre médicastre sur toute l'étendue du territoire qui coûte trop cher pour être mandé auprès du patient. Mais la confiance disparaît bien vite dans ces âmes d'enfants naïfs ; le médecin et ses remèdes sont envoyés à tous les diables si au bout de quarante-huit heures le mal n'a pas diminué. Les médecins annamites prétendent qu'il n'est au monde aucune maladie incurable et, sans sourciller, ils traiteront jusqu'à la dernière minute la tuberculose caverneuse la plus accentuée. Des simples, ils passeront aux procédés empiriques tels que la décoction du fiel de corbeau, l'infusion des os de singe, le bouillon de cailloux roulés, trouvés au sommet des montagnes, et qui pendant des siècles ont bu la rosée du matin. Tous les Annamites instruits, même ceux qui ont fait leurs études en France, retournent, tôt ou tard, à ces pratiques, poussés par les instincts ataviques qui siègent profondément en eux. Eh mon Dieu! faut-il donc tant accuser la science nébuleuse de ces fils de la nature, que des illuminés à l'âme généreuse voulurent un jour assimiler à nous, comme si deux termes si éloignés, fournis par deux civilisations diamétralement inverses, pouvaient s'adapter ensemble et former un tout homogène aussi pratique que productif? Et que dirons-nous de notre science officielle, retardataires que nous sommes, lorsqu'il nous est donné de constater son impuissance à chaque pas. En dépit de la pénurie complète d'académies médicales, les Annamites parcourent comme tous les mortels, souvent jusqu'à une belle vieillesse, le cycle de la vie. Se portent-ils plus mal que nous? Qui pourrait le dire. Sans doute, les dernières découvertes de la bactériologie et l'adoption générale de la vaccine ont diminué le chiffre de la mortalité dans des proportions remarquables. Une connaissance plus étendue de l'hygiène fera peu à peu disparaître les conditions mauvaises de leur habitat.

Mais quant à répandre universellement l'emploi de notre art médical et notre pharmacopée européenne, il est probable que ce progrès n'est réservé qu'à nos successeurs des siècles futurs.

*
* *

Ce n'est pas tant la variété que l'originalité des remèdes employés par les Annamites, dans leur pharmacopée officielle, qui frappent au premier abord. Cette nomenclature extraordinaire, qui prête à rire, doit nous rappeler, cependant, qu'à une époque peu éloignée, notre Codex renfermait des préparations non moins empiriques.

Parmi les remèdes les mieux cotés par les

princes de la science médicale en Extrême-Orient, nous devons placer une préparation bien connue de tout le monde

Je veux parler de la corne de cerf.

Ce n'est pas comme phosphate que le bois des cervidés est employé ; nous le possédions aussi, sous cet aspect, dans notre pharmacopée européenne.

Au contraire, les cornes qui vont servir à la préparation suivante doivent avoir appartenu à un sujet jeune, dont l'âge ne dépasse pas cinq ans.

La corne ainsi employée est molle, noirâtre, recouverte de poils.

Soumise, au préalable, à l'action lente d'un feu de charbon de bois, la pellicule se détache assez aisément sous la pression du doigt.

Voici la formule telle qu'elle est prescrite dans les livres de médecine chinoise :

« Prenez une corne molle d'un jeune cerf
« de quatre ans, coupez-la en rondelles très
« minces et laissez-la macérer pendant trois
« jours dans trois ou quatre litres d'alcool
« de riz de première qualité. »

Au bout de ce laps de temps le liquide prend une teinte brunâtre, qu'on filtre à volonté pour le clarifier. On l'aromatise ensuite avec des plantes odoriférantes et on obtient, de cette manière, un remède de premier ordre, capable de guérir un grand nombre de maladies. L'anémie la plus invétérée, la faiblesse, la perte des forces produite par les maladies de langueur, la fièvre rebelle des bois et des marais doivent céder au traitement d'une semaine.

Une deuxième préparation, toujours à base de corne de cerf, est encore plus recommandée aux cachectiques.

« Dans le vin macéré, ajoutez des os de
« singe, des vertèbres de serpent, du fiel de
« corbeau et, si possible, de la corne de
« rhinocéros hachée finement en poudre im-
« palpable. Cette médecine est très efficace
« pour rétablir les forces des malades et
« donner une puissance génésique extraor-
« dinaire aux sujets débilités. »

Dans le chaos de leurs préparations pharmaceutiques, les Chinois et les Annamites emploient des ingrédients qui font rêver!

Tout ce qui vit, tout ce qui respire, les pierres mêmes possèdent des propriétés, des vertus plus ou moins reconnues.

Les moustaches de tigre, la corne de rhinocéros, les ailes de certains coléoptères ressemblant à s'y méprendre aux cancrelats, le quartz hyalin ramassé au sommet des montagnes et qui a bu, pendant des siècles, la rosée du matin, les canines des grands singes, le fiel d'une grande variété d'animaux sont très estimés.

L'argile rouge, sous forme de brique pilée (en chinois : *su xa*) entre pareillement dans plusieurs préparations médicinales.

« Prenez une brique rouge que vous
« réduisez en poussière sous le marteau ;
« délayez-la dans un mortier et vous obtien-
« drez, après évaporation, une poudre fine,
« impalpable, qui conviendra aux enfants,
« dans les maladies du jeune âge, les coli-
« ques, les maux de ventre, les embarras
« intestinaux et surtout dans les débuts de
« la variole. »

Le pharmacien chinois qui m'expliquait cette préparation ajoutait que ce remède était d'une efficacité remarquable :

« Çà très bon, Monsieur, très bon ! »

Un voyageur qui a visité plusieurs peuplades inconnues du continent noir, racontait, il n'y a pas bien longtemps, la manie que possèdent certaines tribus de manger de la terre végétale. On voit que les géophages se rencontrent sous une autre forme, dans nos possessions d'Extrême-Orient.

Le fiel humain possède aussi de grandes vertus curatives aux yeux des Asiatiques et surtout aux yeux des Cambodgiens. Pour que le fiel présente quelque valeur, il faut qu'il soit pris sur un individu vivant, respirant encore ! Les Annamites ont, dans leur vocabulaire, une expression spéciale, intraduisible en français : (*mo mat*, extraire le fiel) et accusent les Cambodgiens de cet acte de barbarie. A une certaine époque voisine du jour de l'an chinois, réputée propice pour cette opération délicate, vous ne feriez pas sortir pour tout l'or du Pérou une femme ou un enfant en dehors du périmètre de la ville, à Pnompenh. Les mères effrayent les petits maraudeurs en quête d'école buissonnière : « Prends garde, disent-elles au mauvais garnement, si tu sors à la brune, les Cambodgiens t'arracheront le fiel (*Cao mên mo mat*) ! »

Le fiel humain est considéré comme extrêmement efficace dans les maladies de la vieillesse, l'impuissance sénile, la cachexie syphilitique, la dysenterie. Comme cette denrée coûte fort cher, on ne la trouve guère que dans les pharmacopées royales, ou chez les médicastres accrédités auprès des princes du sang.

Le prince Noppharat, frère du roi Norodom, paya, dit-on, dix barres d'argent (quatre cents francs de notre monnaie), une potion préparée au fiel humain par un célèbre médecin de Battambang, qui s'était engagé à lui rendre ses forces et sa vigueur génésique, anéanties par l'abus du coït et de l'opium.

Ce prince Noppharat était vraiment extraordinaire. Pétri de finesse et de canaillerie, possédant au plus haut degré tous les vices, il avait dans son petit sérail huit femmes superbes, dont il était terriblement jaloux.

Il mourut à trente-sept ans, desséché comme un hareng saur, par les femmes et l'alcoolisme. La longueur de ses jambes et la maigreur de toute sa personne donnaient à sa démarche quelque chose de grotesque et de très original.

Grand Président du tribunal civil cambodgien, il excellait à tenir les parties en haleine, sans jamais prononcer de jugement. Lorsque, par hasard, il lui arrivait de dicter un arrêt, les deux adversaires s'apercevaient, après deux ou trois ans d'attente, qu'ils avaient payé, chacun de leur côté, pour obtenir gain de cause devant la loi ! Noppharat pesait à peine vingt-cinq kilos quand on le mit en bière, en attendant la crémation solennelle ; le fiel de l'homme n'avait pas réussi à le guérir.

On croit rêver quand on lit de pareilles histoires. Nous n'inventons rien, cependant. Il est vrai que, depuis l'ingérence de la France dans les affaires du royaume, les assassinats de cette nature sont devenus excessivement rares. A Pnompenh, du moins, et dans les centres organisés on n'entend plus parler d'*extractions de fiel* humain *in anima valente*.

Le dernier crime qui soit parvenu à nos oreilles s'est passé au centre même de la capitale cambodgienne, à cent mètres du Protectorat français.

C'était vers la fin de 1886, l'insurrection battait son plein ; les zouaves et soldats de la marine dévastaient les provinces.

La désorganisation politique, les difficultés des communications rendaient les criminels insaisissables, aussi bien dans la ville que dans les postes éloignés.

Un matin, deux jeunes indigènes vinrent m'annoncer qu'un homme gisait inanimé dans les fossés de l'école royale cambodgienne.

Je n'avais que quelques pas à faire pour me trouver sur les lieux.

Les deux jeunes gens me conduisirent donc sur le théâtre du crime, où trois Français procédaient déjà à des constatations, parmi lesquels M. Bourlier, commissaire central de police, et M. C...., employé du Protectorat.

Un Annamite, jeune encore, les côtes défoncées par un énorme coup de coutelas, avait un trou circulaire dans la région pulmonaire. Les indigènes accourus en foule affirmaient que le malheureux avait eu son fiel enlevé pour faire des médicaments !.....

Malgré notre incrédulité et le rire invincible qui s'empara de nous, presque à la même seconde, nous fûmes obligés de nous rendre à l'évidence et de constater la véracité de cette sinistre assertion. *Câo-mên mo mat !!!*

*
* *

On connaît le rôle immense que jouent, dans la médecine indigène, les exorcismes diaboliques et les pratiques de sorcellerie.

Un accident fatal, arrivé récemment à un médicastre guérisseur dans un petit village de la banlieue saïgonnaise, vient remettre à l'ordre du jour la question des sorciers et des charlatans annamites.

Certains pensent que l'État a le droit et le devoir de garantir, par des lois sages, les populations crédules contre les pratiques de ces trompeurs de métier.

Nous croyons, au contraire, que l'ingérence de l'État serait intempestive et maladroite et que les croyances populaires sont trop enracinées pour être extirpées subitement.

Et, pour corroborer notre assertion, nous avons un précédent indiscutable, qui peut rassurer les âmes craintives sur le sort probable de ce mouvement religieux.

Toutes ces pratiques de sorcellerie sont, en effet, liées étroitement aux pratiques du culte dont elles font partie intégrante dans bien des cas.

Dès le début de la conquête, les amiraux gouverneurs de la colonie naissante furent pressés par les missionnaires de mettre un terme aux machinations de plus en plus nombreuses des sorciers et des charlatans. L'amiral Lagrandière n'eut qu'à faire promulguer un article de la loi française, qui, cependant, resta lettre morte dans le pays.

On eut beau afficher le décret impérial, traduit en plusieurs langues, dans les villages les plus reculés ; on eut beau condamner quelques malheureux à des peines sévères, la sorcellerie fleurit toujours comme aux grands jours de ferveur religieuse, quand la fin du monde et la destruction totale de la terre par le dragon à sept têtes fut annoncée par un illuminé sous le règne de Minh-Mang !

On n'empêche pas ainsi, à coups de décrets, les croyances séculaires d'un peuple : l'âme d'une nation ne change pas de la sorte, au gré des législateurs conquérants.

Voici donc l'accident arrivé à un sorcier, dans un petit village de l'arrondissement de Gia-Dinh, à quelques kilomètres de la capitale.

Nous résumons, dans son entier, le rapport naïf des notables du village, qui sont venus en grande pompe annoncer l'événement à l'administrateur du chef-lieu et au procureur de la République de Saïgon.

Depuis plus de six mois, l'Annamite Tran-van-Hung, cultivateur aisé, propriétaire de rizières, souffrait d'une affection arthritique généralisée, qui avait paralysé ses articulations inférieures. Le malade, cloué sur son lit de douleur, ne pouvait faire un pas et voyait, avec terreur, l'œdème envahir la région abdominale.

pas, car vous avez négligé tel sacrifice; les génies qui errent dans les branches du grand banian sacré, planté au milieu du village, sont en colère contre vous.

« — Non, partez; allez plutôt dans le corps d'un animal immonde; toutes vos recommandations seront exécutées point par point. »

Et les supplications continuent, deviennent plus pressantes; la famille pleure, gémit, se roule à terre, humilie son front dans la poussière, afin de toucher le cœur de l'esprit récalcitrant.

Enfin, l'esprit consent à vider les lieux moyennant certaines restrictions; il faudra se soumettre, si l'on veut ne point le voir revenir un jour ou l'autre.

La sorcière prend dans ses mains une poignée de grains de riz, les compte et sourit de bonheur. L'augure semble excellent; le nombre fatidique requis est atteint.

Sur un signe, les assistants lui passent le cruchon de vin de riz, au large ventre. La sorcière en prend plusieurs gorgées qu'elle fait retomber en pluie fine sur la face du malade, en tamisant à travers ses lèvres le spiritueux nauséabond.

L'esprit est vaincu; le malade se sent guéri, l'illusion est parfaite.

Demain il n'y paraîtra plus rien.....

En passant, un jour, à travers un grand village du Cambodge, j'aperçus le gouverneur de la province en train de charrier de l'eau sur ses épaules. Ce fonctionnaire, déjà d'un certain âge, suait à grosses gouttes, le corps étroitement comprimé dans plusieurs couvertures de coton. Il venait de faire dix voyages sans désemparer, portant toujours ses deux seaux en balance sur ses épaules rougies par l'effort.

— Comment, le gouverneur qui possède plus de cent esclaves, charrie de l'eau comme un manant?

On m'apprit, alors, que le chef de la province relevait de maladie et que l'esprit avait, en quittant son corps, exigé catégoriquement cette pratique extraordinaire en présence de tous ses administrés.

Et le gouverneur profondément impaludé, amaigri par la terrible fièvre des bois, avait vu son mal s'évanouir à travers la suée énorme, que lui avait fait prendre l'exorciste.

Qui aurait donc osé lui prouver la vanité de ses chimères et contrarier la puissance irrésistible de ses illusions?.....

La pratique des envoûtements très connue des Annamites, est surtout monopolisée en

Basse-Cochinchine, par les Cambodgiens et les Malais. Eux sont les maîtres du maléfice, des sorts à la *guigne* noirâtre, des poisons à longue échéance, dont on ne parle dans les villages qu'avec frayeur.

L'envoûtement se pratique de deux manières : à proximité ou à distance.

Les opérations maléfiques varient suivant les personnes, l'âge et la situation de ceux que l'on veut envoûter. Souvent le sort reste sans résultat. Le devin est sans puissance contre les esprits du bonhomme qu'il faut vaincre à tout prix.

L'envoûtement d'amour est très connu des jeunes amoureux de Cochinchine ; les médicastres cambodgiens fournissent les *simples* des montagnes, qui terrassent les cœurs. Toutes les femmes annamites un peu vieilles, chez lesquelles le flambeau de l'amour n'a pas complètement pâli, sur le retour de l'âge, ont recours aux artisans de la sorcellerie et des vénéfices.

Des pratiques savamment effectuées, des substances spéciales administrées selon le rite, leur ramènent de nombreux amants. Cet acte d'ensorceler les hommes et les femmes s'appelle en annamite : *bo-ngai*, *jeter des sortilèges*, *administrer des substances pour se faire aimer.....* L'expression prise en mauvaise part, signifie : *faire des maléfices, jeter des sorts !*

Nous parlerons un jour de la pharmacopée maléfique, qui occupe chez les habitants de l'Indo-Chine une place très marquée.

Au Cambodge, les marchands de mauvais sorts, sorciers, devins fameux, possèdent une pratique vulgaire que tout indigène redoute au suprême degré.

Celui qui désire se venger de son ennemi prend un morceau de peau de buffle, fraîche de quelques jours.

Après l'avoir emprisonné dans un fruit quelconque, ou dans une boule de riz, le sorcier l'expose au soleil sur le pas de sa case. En présence du client vindicatif, il prononce les formules exécrables, il jeûne pendant trois jours et trois nuits, et fait passer, par la puissance de sa volonté, la lanière de buffle enroulée dans le ventre du malheureux envoûté. Huit, quinze, trente jours et quelquefois trois mois plus tard, l'ensorcelé meurt dans d'horribles souffrances. Sans qu'il ait eu besoin d'absorber le petit fragment de peau de buffle, son ventre enfle démesurément, ses boyaux crèvent par suite du développement insensé de ce petit morceau de peau.

Il n'est pas un seul Annamite ou Cambodgien qui ne croie à ces pratiques et qui ne cherche à les expérimenter, le cas échéant. Quand on leur demande pourquoi ils n'ont pas usé de ce même procédé contre les héros de la conquête française, ils répondent que les sorciers de l'Indo-Chine perdent leur vertu contre les esprits de l'Europe, plus forts que ceux de la terre d'Annam !

IX

LA LÉGENDE DE LA MONTAGNE DE TAYNINH

La légende de la montagne. — L'art de se marier aux temps antiques. — Une demande en mariage. — La Montagne de Nui-bà-Den et ses origines. — Le Monastère de Dièn-bà-Den et son pèlerinage.

Comme aux premiers jours de l'humanité, la légende naïve et enfantine des peuples orientaux fleurit encore aujourd'hui en Indo-Chine.

A ce titre, la nation annamite tient, sans contredit, le premier rang parmi les nations superstitieuses qui n'ont vu dans la religion qu'un fouillis inextricable d'inconnu et de mystère. Le culte ancestral ne s'est pas conservé pur à travers les âges; chaque génération y a apporté son contingent de légendes et de récits mystérieux.

Il serait bien difficile aujourd'hui à un chercheur documenté de trouver les origines de cette religion bouddhique, au milieu de légendes sans fin dont les Annamites, élèves des Chinois, ont agrémenté et enrichi leur science théologique. Chaque pays, chaque zone, chaque montagne, ont leur légende mystérieuse connue et racontée dans les villages par les plus savants et les plus sérieux du district. Les sombres pics couverts de forêts impénétrables, qui dominent, comme des sentinelles avancées sur l'horizon, les basses régions de Bienhoa, de Tayninh, de Thudaumot, de Chaudoc et quelques parties du Cambodge, ont fourni à l'imagination ardente des lettrés une interminable série de contes naïfs, dont s'est emparée la mythologie annamite.

Nous devons à l'amabilité de M. Seville, administrateur de Tayninh, de posséder les divers récits de la légende antique que les générations annamites consacrèrent autrefois aux deux pics solitaires qui se dressent à quelque distance de ce chef-lieu. Nous allons brièvement résumer pour nos lecteurs la légende Cambodgienne de *Nui-ba-Den* et de *Nui-nam-Ong*, montagnes situées dans le district de Dinh-Thanh.

Les livres sacrés, pieusement conservés dans les bonzeries Cambodgiennes, nous apprennent qu'autrefois, pour se marier, la femme était obligée de venir demander la main de l'homme. On conçoit tous les ennuis et toutes les contrariétés que dut produire dans les familles de ce pays ce renversement des lois naturelles : « Bien rares, en effet, dit textuellement la légende, étaient les femmes Cambodgiennes qui venaient sans contrainte et sans honte demander la main de l'époux que leur cœur avait choisi. Que de rivalités, que de luttes intérieures ! » Le nombre de celles qui préférèrent coiffer sainte Catherine, plutôt que de se soumettre à cet usage dégradant, devint si grand, qu'il fallut construire une bonzerie spéciale destinée aux réfractaires.

Une femme de courage se leva et résolut de mettre fin à cette barbare coutume. Quelques jours avant de se marier, elle se rendit dans un village voisin pour provoquer devant les notables assemblées les plus beaux gars en quête d'épouse, et, en ayant remarqué un plus fort que les autres, elle lui proposa un duel singulier qui fut accepté. La jeune *Mê-Deng* convint avec lui qu'à l'aide du sable de la plaine, ils feraient chacun leur montagne ; celui qui le premier achèverait son travail quand paraîtrait, le matin à l'horizon, l'étoile solitaire, recevrait la demande régulière en mariage, sans qu'un autre tribunal au monde pût trancher le différend. L'usage établi par les fiancés recevrait force de loi dans le pays et serait consacré par les rites. Ce qui fut dit fut fait ; le soir, à la nuit tombante, le jeune couple se mit à l'œuvre avec l'espoir dans l'âme et la gaieté au cœur. Il était entendu en outre que le premier qui aurait terminé sa tâche allumerait, en signe de triomphe et de supériorité, un fanal au sommet de la montagne.

Le jeune homme était sûr de la victoire ; sa confiance était telle qu'il ne pouvait même songer un instant d'être surpassé par une faible femme sans force et sans énergie. « Serait-il possible, disait-il, qu'une petite femelle de cette espèce vainquît le plus fort des jeunes gens de la région ! » Et s'étant mis à boire, il passa la plus grande partie de la nuit à chanter galamment des couplets érotiques. *Mê-Deng*, de son côté, travaillait fiévreusement sans perdre une seconde. Quand la grande étoile messagère du matin se leva à l'horizon sur les forêts sombres, la jeune fille courait avec fierté regarder son travail. C'est à ce moment que l'infortuné désœuvré, comptant trop sur ses forces, vit au sommet de l'élévation artificielle la lanterne qui annonçait sa défaite aux villages d'alentour. Pris de désespoir, il remplit avec furie les paniers apportés pour effectuer son œuvre et en éparpilla, de rage, le contenu dans toutes les directions. Ces monticules sont devenus de petites montagnes ; on les voit aujourd'hui s'étager dans le lointain de *Bên-cai-Cùng* dans le Nord-Ouest du poste. La montagne dressée par *Mê-Deng* est devenue le pic superbe dont nous avons parlé tout à l'heure et auquel les Annamites ont conservé son nom ; *Nui-bà-Deng*. On devine la fureur non déguisée du jeune Cambodgien à la vue de sa défaite. Tous les moyens pour empêcher sa rivale de jouir de son triomphe furent employés. Le fiancé envoya d'abord contre la montagne un éléphant blanc, de haute stature, qui devait la piétiner jusqu'à ce qu'elle fut devenue au niveau de la plaine environnante. Mais *Bà-Den* avait mis le ciel de son côté, et grâce à un miracle, elle transforma l'éléphant en pierre grise au grand ébahissement des villages accourus sur les lieux.

L'éléphant est aussi devenu une montagne appelée par les habitants **Phnom-Dômrey**, ou en annamite : **Nui-Tuong, Montagne de l'éléphant.** A la vue de tous ces prodiges, la haine furieuse du vaincu ne fit que s'accroître et s'étant entendu avec un génie de la forêt voisine qui lui fournit deux mille sangliers pour procéder au même bouleversement, il envoya ces animaux contre la montagne de sa belle. Les sangliers ayant été aussitôt pétrifiés et changés en montagnes appelées *Phnum-Crouk* ou *Nui-Heo*, le jeune homme essaya une dernière tentative. Il se procura des milliers de coqs et de poules sauvages qui devaient aplanir les travaux de *Mê-Deng*. Néanmoins tout fut inutile, et de nouvelles pétrifications augmentèrent les montagnes de la plaine. Ces petites élévations de terre s'appellent aujourd'hui *Phum-Mon* ou *Nui-gà*, en annamite.

Les notables des villages environnants, assemblés devant les religieux dans les monastères, virent dans tous ces événements prodigieux la main du Ciel qui voulait mettre un terme aux anciens usages. C'est à partir de cette époque que, dans les campagnes cambodgiennes, l'homme demande la femme en mariage comme dans les autres pays. Tous ces noms d'origine cambodgienne ont subi des transformations à travers les âges : *Mê-Deng* est devenu *Bà-Den*, puis, *Chùng-bà-Den* chez les Annamites qui en ont fait plus tard *Nui-bà-Den* et *Diên-bà-Den*, endroit où se trouve la pagode. La légende termine en disant que cette *Bà-Den* eut deux fils grands chasseurs devant l'Eternel et accomplissant leurs exploits à l'aide de chiens sauvages. On dit que souvent, pendant la nuit, les habitants entendent dans la montagne le son des Gongs et des Conques annamites ; c'est *Câu-Tray* et *Câu-Que* qui poursuivent les fauves de la forêt à la faveur des ténèbres.

La Divinité de Tay-Ninh est une des plus célèbres de la Cochinchine. Des troupes de pèlerins venus des quatre coins du territoire se rendent, tous les ans, à la pagode de *Diên-bà-Den*, pour invoquer la puissante divinité de la montagne et lui offrir des présents. Le pèlerinage s'effectue trois fois par an, le 15 du premier, septième et dixième mois annamites. Les riches apportent des rouleaux de dollars et des barres d'argent ; les moins fortunés offrent les fruits de la terre et le travail de leurs bras pendant plusieurs jours et même plusieurs mois à la pagode célèbre. Les Chinois ont pareillement un grand culte pour la divinité de la montagne. *Diên-bà-Den* est une des rares pagodes annamites fréquentées par les fils du Ciel. Le monastère possède, dit-on, des ouvrages remontant à une très haute antiquité, couverts d'écritures hiéroglyphiques, inconnues du vulgaire ; à peine si quelques rares lettrés transpercent le sens mystérieux de la légende antique. Les anachorètes de la montagne lisent, pour la plupart, phonétiquement ces écritures et marmottent tout le long du jour des invocations incompréhensibles, sans en pénétrer le sens fort vague qui y est attaché. Très intéressantes seraient, pour un savant, ami de l'ethnographie, des recherches patientes sur ce temple mystérieux des anciens âges.

Mais combien peu se passionnent pour les belles études dans cette Cochinchine où le travail de l'intelligence est si peu apprécié du public.

(Traduit du Cambodgien.)

X

LES CODES FRANÇAIS EN INDO-CHINE

L'évolution de la morale annamite au contact civilisateur. — Modification des mœurs et coutumes. — Code français et code annamite. — Les fausses interprétations de la loi. — L'esprit juridique. — Les erreurs de la cour d'assises. — Les jeunes transportés de la Guyane. — Une race nouvelle.

Une question très importante pour tous ceux qui s'intéressent sincèrement à l'évolution de la race annamite est la suivante : Le contact civilisateur de la nation conquérante a-t-il profondément modifié les conditions matérielles et morales des Annamites? Une subdivision de la question nous amènera à savoir sur quelles parties de la morale indigène ont porté ces modifications et l'étendue des changements qui naturellement en résultent......

Cette enquête produira, pour les moins versés dans la connaissance des mœurs indigènes, une série d'observations intéressantes. Cette nouvelle incursion au sein du foyer domestique annamite n'est pas, comme on va le voir, une des moins attachantes de celles que nous avons faites jusqu'ici, en compagnie de nos lecteurs.

Il reste évident aux yeux de tous que les conditions de la vie matérielle se sont améliorées, à l'abri protecteur de nos lois et de notre surveillance administrative. Le petit et le faible peuvent se dire plus heureux, ou plus aptes à le devenir.

La richesse et l'aisance, filles d'un travail assidu et rémunérateur, ont trouvé à nos côtés la plus sûre des sauvegardes.

Enfin, l'Annamite a vu les conditions de sa matérielle existence croître en raison directe de ses labeurs.

Il n'est donc pas nécessaire de s'appesantir sur cette partie de la question posée au début de cet article. Entrons plus intimement au cœur du problème et soulevons discrètement le voile du foyer.

De toutes les modifications dont l'établissement de nos codes et l'application de nos lois ont changé plus directement la marche, celles des mœurs séculaires de la famille sont les plus observables, au sein des populations.

Les lois françaises, appliquées sans discernement à un peuple si peu fait pour les comprendre, ont désagrégé, d'une façon désastreuse, l'instinct familial.

Ce n'est pas seulement dans les centres civilisés, ou dans les villages voisins des capitales, que le fait peut être observé.

Nous l'avons également noté au fond des campagnes annamites les plus reculées.

C'est que l'indigène, essentiellement processif, habitué à trouver à l'abri protecteur de la loi une sauvegarde d'autant plus certaine qu'elle est plus onéreuse pour sa bourse, l'Annamite devait être énormément touché par l'intrusion soudaine d'une loi compliquée comme notre code civil.

Sans parler du désordre incroyable apporté par nos lois dans la propriété foncière, interrogeons les vertus domestiques et voyons combien profondément la marche tranquille du foyer a été modifiée.

Le concubinage qui chez nous est chose inconnue légalement, était réglé en Annam par des lois fort bien étudiées.

La présence de plusieurs femmes au sein de la famille ne gênait, en aucune manière, la tranquillité ni l'ordre établi.

Les enfants croissaient, grandissaient, au sein du gynécée, sans éprouver d'autre mal qu'une surveillance plus efficace, pendant les années de la jeunesse et de l'adolescence.

La loi française a semblé respecter certains usages, mais ces usages sont tombés en désuétude, par suite du peu de cas attribué à l'adultère par nos tribunaux.

Encore une fois, sans tenir compte des mœurs annamites, ignorants des coutumes séculaires d'un peuple enfant, nos juges ont accueilli ces histoires de fidélité et de liens conjugaux avec le sourire de la civilisation hypocrite, qui chez nous conserve à cette partie du code un caractère peu sérieux.

C'est cependant sur l'intégrité du foyer qu'est basée la famille annamite. La femme y était très respectée, sans y avoir une grande place, mais le législateur avait édicté contre les épouses infidèles une loi draconienne, écrite avec du sang,

On admettait plusieurs degrés dans l'adultère familial chez les Annamites. L'homme marié qui prenait la femme du voisin était puni avec la dernière sévérité. Le jeune homme non marié pris en flagrant délit, dans la maison de la femme, était d'abord traité comme un voleur par la loi annamite et pouvait être puni d'un emprisonnement perpétuel ou du bannissement. La femme mariée récemment, qui soudoyait un jeune homme au-dessous d'un certain âge, pouvait être livrée aux éléphants et piétinée jusqu'à la mort par ces derniers. Dans certains villages de l'Annam, on coupait les oreilles aux deux adultères et il nous vient de plusieurs voyageurs qui ont parcouru des régions peu éloignées, que cette coutume est encore en vigueur.

Dans tous les cas, le mari trompé avait sur sa femme, dans ces occasions, une autorité brutale, qui allait presque jusqu'à la torture et à la mort ! Il n'y a pas quinze ans, les flagrants délits d'adultère étaient traités, même dans la banlieue saïgonnaise, avec la dernière rigueur. Voici le récit d'un cas (entre mille autres) auquel nous avons assisté, en 1881, au village de Chodui, près Saïgon.

Un secrétaire annamite, employé dans les bureaux de l'administration française, avait reçu sur les relations coupables de sa femme des renseignements précis. Il sortit, un jour, pendant les heures du bureau et surprit sa moitié avec un de ses amis, dans la maison paternelle. Comme il était d'une assez grande force physique, il attacha les deux coupables avec des cordes, et les porta, liés dos à dos et complètement nus, sur la place du marché. Puis il courut au tamtam du village et fit sonner au feu. Au même instant la foule se pressa serrée, inquiète, autour du secrétaire échevelé qui, ainsi qu'un charlatan de foire, montrait les deux coupables en faisant de grotesques boniments. Le respect des malheurs conjugaux est tel que personne n'osa porter la main sur les deux êtres nus, appelant leurs parents au secours d'une voix lamentable.

La garde du village, le maire indigène se bornèrent à demander au mari jaloux la somme d'argent qu'il voulait exiger pour le dommage causé.

Le différend s'arrangea vers le soir, devant les notables qui délivrèrent les deux amoureux. Avant la conquête, on exposait ainsi, pendant trois jours, sans boire ni manger, les adultères sur la place publique !

Ceux dont nous racontons l'histoire, soudoyés par un agent d'affaires français, portèrent plainte et firent condamner pour coups et blessures le mari malheureux devant le tribunal de première instance de *Binh-hoa*. — Cette inique sentence produisit un scandale abominable. Le juge qui la rendit commit un véritable crime social.

Avec un pareil traitement juridique, il est

aisé de comprendre que les vertus domestiques aient été profondément ébranlées.

La sagesse des filles qui, depuis la conquête française, est un mythe dans les villages, était autrefois une chose reconnue officiellement par des attestations.

Les Annamites ne font plus cas aujourd'hui de ce qui était, autrefois, la base du foyer et de la famille. Comment se plaindre devant un tribunal qui tourne votre malheur en dérision et dont la sévérité est presque ridicule?

Une revision des codes de l'Annam appliqués avec tempérament aux indigènes et améliorés par un judicieux apport de notre science juridique s'impose en ce moment. Nous sommes étonnés que ce travail intéressant n'ait pas tenté, jusqu'ici, la générosité et le grand cœur d'un membre de notre magistrature coloniale.

Ce tout, cet ensemble qu'on appelle codes ou recueil des lois, est formé d'un nombre considérable d'éléments disparates. C'est l'héritage, toujours amélioré par le progrès, que se transmettent, avec le flambeau de la vie, les générations qui passent. Le code annamite remonte à une très haute antiquité.

Il fut formé autrefois, sous les premières

dynasties, par l'ensemble des coutumes locales épurées, que rédigèrent, en l'adaptant aux besoins des populations, d'éminents jurisconsultes indigènes.

L'idée morale, base de l'esprit de justice, fut empruntée aux Chinois. Plus tard, vinrent l'enrichir et la rendre plus humaine les lois et les prescriptions issues de ce sentiment élevé qui a donné une supériorité si marquée, parmi les groupes divers de notre presqu'île indo-chinoise, à l'incomparable famille annamite.

Au début, ainsi que nous l'enseignent les codes de l'Annam, les usages locaux, les coutumes invétérées, communes à plusieurs villages, à plusieurs provinces, furent les seuls guides des magistrats suprêmes, rendant la justice sous les yeux mêmes des vice-rois.

Au Cambodge, encore aujourd'hui, les affaires civiles sont préalablement étudiées par les conseils des villages, par les notables qui, ainsi qu'autrefois saint Louis sous son chêne, cherchent, accroupis en cercle sur la natte, à l'ombre du banian sacré de la pagode, si le demandeur s'est conformé aux us et coutumes de l'endroit.

Le code Khmer, très moral en principe,

admet, au-dessus des lois nationales, les exigences des usages locaux.

Ce n'est pas une raison de dire que la justice cambodgienne est pour cela mieux rendue, nous parlons simplement des prescriptions juridiques; il nous serait facile de montrer que la justice cambodgienne, telle qu'elle fonctionne à l'heure actuelle, est la plus monumentale mystification, la bouffonnerie la plus extraordinaire qu'un groupe policé ait jamais inventée[1].

Il n'est au pouvoir de personne d'arrêter dans son essor cette direction corrompue de l'idée de justice, dont l'application délétère tient à des causes trop profondément enracinées. Le temps seul, l'activité longtemps soutenue d'un chef intelligent et énergique, pourront avoir raison d'un état de choses si dissolvant.

Les jurisconsultes annamites, sous le règne de Minh-mang, résolurent de grouper en un tout homogène les codes épars. La commis-

1. Un arrangement intervenu entre S. M. Norodom Ier, roi du Cambodge, et le Résident supérieur, a changé tout récemment cet état de choses. Dorénavant, la justice sera rendue par les tribunaux français sur toute l'étendue du territoire. Toutefois, le code cambodgien et les coutumes locales auront, jusqu'à nouvel ordre, force de loi.

sion nommée par le roi se mit courageusement au travail et réussit à donner au recueil des lois une physionomie intéressante.

Le code de Minh-mang constitue, peut-être, le monument le plus étonnant qu'ait laissé aux générations à venir cette originale et mobile race annamite, qui, sous le rapport des sciences morales est de beaucoup supérieure à ses voisins les Chinois.

Dans tous les cas, l'essence impersonnelle et suprême de l'Etat s'y révèle à un degré très marqué et qui fort probablement est resté incompris de la majorité chinoise. La commune, la famille, l'autorité paternelle, la propriété, la femme, la tradition y possèdent un traitement de beaucoup plus moral, plus humain que dans le nébuleux amalgame des lois siniques.

Son étude étonnerait, à bon droit, les jurisconsultes européens, au point que les plus savants d'entre eux trouveraient, aux chapitres que nous mentionnions tout à l'heure, le plus consolant des enseignements humains.

Le code de Minh-mang ouvre à l'observateur, sur l'histoire et les progrès de la race, d'inappréciables horizons.

*
* *

L'application inconsciente et brusque de nos lois à ce peuple enfant, à peine sorti des limbes des premiers groupements en familles, apportait au sein des villages tranquilles une étrange perturbation. Les Annamites furent longtemps à se mettre au diapason de la nouvelle législation qui causait chez les intelligents des surprises inconsolables.

La loi annamite, comme toutes les lois orientales, repose sur la théorie égalitaire du *talion*. Elle vise, d'abord, le dommage, le tort, la gravité de l'offense pour n'attribuer qu'une considération toute secondaire à la cause occasionnelle, à l'intention.

La loi annamite voyait le fait brutal, la conséquence immédiate de l'acte; elle jugeait à la surface, au dehors.

Nous sommes venus lui apporter une interprétation plus pénétrante.

La loi française voit plutôt l'intention que le dommage, toujours laissé au plan inférieur. La partie civile qui, chez nous, n'est parfois qu'une contingence négligeable dans les crimes, était, au contraire, la cheville ouvrière des causes judiciaires, chez les législateurs de Minh-mang.

Les crimes et délits qui touchaient au fonctionnement sacré de la famille constituaient chez eux une atteinte de premier ordre, portée à la base même de l'État L'adultère, le vol domestique, le mépris de l'autorité paternelle, les révoltes de la femme, les dilapidations du patrimoine, la piraterie consommée par le criminel dans son propre village, tous actes réprimés sévèrement d'une façon draconienne et que nous assimilons à la menue monnaie des crimes et délits correctionnels......

Par contre, nous avons peuplé les bagnes de pauvres diables auxquels, pour des actes semblables, la loi annamite infligeait trente coups de rotin.

Le faux en écritures était considéré, dans l'ancienne législation indigène; comme un délit enfantin. On comprend que chez un peuple ou la minorité savait à peine lire et écrire et sur les phalanges des doigts desquels les écrivains publics prenaient la signature, à l'aide du *dim chi*, on comprend que peu d'entre eux aient eu l'idée de fausser les écritures. Les actes publics, les actes de vente, se traitaient toujours devant les autorités indigènes, en présence de nombreux témoins.

Les opérations de banque, les affaires financières étaient totalement inconnues. D'ailleurs, la signature en caractères chinois n'avait pas assez d'originalité personnelle pour donner lieu à une reconnaissance admise dans les transactions devant la loi.

Les lois sur l'usure et l'intérêt légal, que des âmes généreuses veulent réformer aujourd'hui, auraient fait sourire les lettrés de la cour impériale.

Dans un pays comme l'Indo-Chine où l'argent est une marchandise, le possesseur se croit le droit de faire payer les risques courus, les dangers de perte, la peine prise pour ramasser ce petit pécule enfoui par les vieux parents.

L'agent était, autrefois, tellement rare, que les emprunteurs payaient des intérêts considérables pour avoir le plaisir de le faire fructifier.

Ce mot *usure* n'existe pas dans la langue annamite; les indigènes ne saisissent nullement le sens criminel et méprisable que lui donnent les Européens. Bien des termes moraux restent pareillement incompris d'un peuple qui n'a pu encore enrichir son bagage intellectuel d'idées abstraites et qui, pour exprimer clairement des mots comme : amour, dévouement, patriotisme, conscience, devoir, est obligé d'employer des circonlocutions d'une longueur désespérante sans, pour cela, bien en comprendre la portée tangible, la véritable réalité.

La chambre des mises en accusation, créée récemment en Cochinchine, devra s'inspirer d'un large esprit de tolérance ou de sévérité, suivant le cas, pour ne pas faire fausse route dans la voie des classifications criminelles, et pour prononcer, avec toutes les garanties nécessaires, le renvoi du coupable devant la juridiction qui lui convient.

Ce que peut causer une fausse interprétation des actes criminels, ce que peut produire une ignorance déplorable des mœurs et des coutumes indigènes, je vais le montrer en quelques mots.

En 1882, deux jeunes Annamites de vingt à vingt-deux ans passaient à Binh-hoa (Gia-Dinh) devant la cour d'assises pour crime relevé comme suit, par l'acte d'accusation : « Ces deux individus poursuivaient, depuis un certain temps, une jeune fille de Go-vap de leurs instances. Cette dernière ayant refusé d'écouter leurs propos séducteurs, ils se postèrent un soir, au détour d'un sentier, à l'endroit où devait passer la femme indigène pour rentrer chez ses parents. Après l'avoir immobilisée, ils lui enlevèrent de force un collier en argent qu'elle portait à son cou. » Les deux jeunes gens retournèrent tranquillement chez eux, espérant que l'aimée viendrait elle-même réclamer le bijou, et qu'ils auraient ainsi l'occasion d'un amoureux tête-à-tête. La famille de la femme porta plainte aux chefs du village, les deux gamins furent arrêtés et poursuivis pour brigandage sur la voie publique et vol à l'aide de violences.

La famille de l'enfant qui connaissait les séducteurs fut terrifiée d'apprendre un jour que les malheureux incarcérés allaient être traînés devant un tribunal présidé par un magistrat en robe rouge. Les Annamites ont une peur terrible des *justiciers écarlates*, ainsi qu'ils les appellent irrévérencieusement. Sans doute, l'intention des parents n'allait pas jusque là ; leur seul désir était de faire cesser les poursuites amoureuses et de rentrer en possession du collier d'argent. M. Hanh, avocat annamite, qui plaidait en faveur des malheureux, fit tous ses efforts pour expliquer à la Cour qu'il est d'usage dans les campagnes cochinchinoises de posséder un gage de la femme aimée, afin d'obtenir ses faveurs, et que le séducteur croit arriver plus tôt à son but en arrachant ce gage par surprise. M. Hanh implora en vain la pitié des juges en leur démontrant, d'une façon péremptoire, la mesquine importance du délit. L'avocat indigène, avec une adresse que se plurent à remarquer les assistants, fit un tableau touchant des scènes d'amour au pays d'Annam, dont les origines vont se perdre dans la nuit des âges. Les juges ne virent devant eux que des criminels, des pirates dangereux et, rapportant un verdict sévère, condamnèrent les deux frères à dix ans de travaux forcés.

Cette condamnation tomba sur la tête des assistants comme une montagne de pierre. Les indigènes versèrent des larmes, les parents levèrent les bras au ciel. L'ignorance des mœurs du pays venait de faire commettre un crime.

Les deux jeunes Annams sont allés à Cayenne et, par une coïncidence étrange, M. X..., le magistrat rouge de l'époque, fut envoyé, quelques années après, à la Guyane où il se fit révoquer pour abus de pouvoir.

Dans ce charmant pays de l'Amérique du

Sud, les Annamites transportés ont fondé presque une race ; de cet embryon sortira, peut-être, un jour, le rameau qui vivifiera l'élément aborigène, placé si bas dans l'échelle de la civilisation.

Car, dans ce pays, les Annamites libérés seuls travaillent. Sans eux, les Européens ne mangeraient pas de poisson. Autour du pénitentier, ils ont défriché de grands espaces, et c'est grâce à eux que le marché de Cayenne est approvisionné de légumes frais. Les nègres, on le sait, trouvent le travail de la terre trop humiliant et trop dur, la pêche trop énervante. Là-bas, à six mille lieues de son pays natal, le petit Annam, victime d'une erreur judiciaire, enseigne aux noirs de Cayenne les saines traditions de la famille et les douces vertus du foyer.

Que de choses je pourrais ajouter pour prouver combien s'impose, au bien immense des populations, la revision des codes français, tantôt féroces, tantôt dérisoires, appliqués aux Indo-Chinois. Surgira-t-il une âme généreuse pour accomplir cet humanitaire travail ?

Ce que je voudrais démontrer aujourd'hui, c'est le préjudice matériel, porté dans l'application du code criminel à notre colonisation effective, au prestige moral de l'Européen, du Français dans ce pays.

On se plaint, tous les jours, que les vols deviennent plus fréquents, que le respect s'en va et que le mépris de l'Annamite augmente.

Ce fait est tellement incontestable qu'il faudrait être aveugle pour ne pas le voir.

L'Annamite est un être craintif, soumis et souple de caractère.

Son raisonnement opère sur des vues spécialement restreintes, qui ont frappé son esprit. Son déterminisme est prompt, sans réflexion.

Il exagère la portée des choses, sans en voir, parfois, les conséquences immédiates. Il se meut dans un petit cercle d'idées morales d'une grande indigence. En un mot, c'est un enfant.

Or, un enfant doit être puni sur le fait, la sanction pénale doit suivre immédiatement la faute, sans quoi le but utile n'est point atteint. Le châtiment accompagnait presque aussitôt le méfait dans l'ancienne législation annamite.

Le pirate aussitôt pris, était aussitôt jugé et pendu. Les atermoiements de notre procédure criminelle enlèvent à la sanction pénale tout le fruit que la loi doit retirer de son application. Le coupable a depuis longtemps oublié pourquoi et comment il a été incarcéré, quand vient le moment de subir sa peine. Des avocats m'ont affirmé que des criminels indigènes ont souvent spéculé sur cette longanimité. Les assassins de l'Annam terrorisés, autrefois, par l'éclat soudain de la loi, craignent beaucoup moins maintenant les effets de la répression française. Les conséquences d'un pareil état de choses sont trop évidentes, pour qu'il nous soit nécessaire de les développer ici.

Les nombreux auteurs des vulgaires vols domestiques, que la police arrête tous les jours par centaines à Saïgon et dans les arrondissements, se font une très fausse idée de notre sanction criminelle.

La qualité du dommage, sa portée, ses effets, ne sont nullement envisagés. Et lorsqu'un malfaiteur qui a volé vingt dollars à son patron, à l'aide d'un flagrant abus de confiance, s'étonne d'être plus puni qu'un filou qui a dérobé nuitamment dans une armoire une somme de deux cents dollars, son esprit a procédé avec une comparaison logique. Il arrive que les voleurs de profession escomptent, avant de faire leur coup, la durée de leur incarcération et discutent entre eux les chances pour ou contre. Et comme trois mois de prison sont moins que rien pour un Annamite qui trouve à la *cai-nha-Pha*, bon repas, bon gîte et le reste, il s'ensuit que la punition reste sans nul effet.

Ce raisonnement logique et vrai peut être étendu à une masse de faits que tous les vieux colons sauront reconnaître. Il est évident, aujourd'hui, qu'une pareille façon de procéder nous a mis à la merci d'une tourbe abominable de domestiques qui se réclament d'une égalité monstrueuse devant la loi.

Le respect de l'Annamite pour l'Européen, le respect du conquis pour le vainqueur, du civilisé pour le civilisateur, est absent de nos centres urbains aussi bien que de nos campagnes. Un mépris ouvertement affiché, une morgue peu dissimulée ont fait place à cette soumission recherchée que professaient, autrefois, les Annamites pour leurs maîtres. Les jeunes ont désappris l'effet que le rotin produisait anciennement sur le derrière de leurs aînés! Ils ont évolué dans un sens fâcheux, très préjudiciable à notre entreprise et qui rend la domesticité annamite haïssable aux yeux de tous.

Ecoutez cette réponse d'un serviteur annamite qui avait osé lever la main sur son maître. Nous la tenons de son avocat qui était allé le voir dans sa prison, pour sa défense, quelques heures avant le jugement. Comme le défenseur lui faisait observer la gravité de sa faute, l'Annamite s'écria : « Je ne serai pas sévèrement puni, je l'espère, car un métis a frappé un administrateur et n'a rien eu. »

*
* *

Cet état d'esprit franchit progressivement les limites étroites des centres européens pour pénétrer dans les campagnes. Un Annamite frotté à cette étrange civilisation de nos villes apporte dans les villages un mauvais esprit des plus dissolvants.

Interrogez les missionnaires de l'intérieur qui tiennent dans leurs mains patriarcales les vieilles familles chrétiennes, gardiennes de la tradition familiale de l'Annam, et demandez-leur ce que peut produire ce contact véreux d'une poignée d'anciens malandrins, vomis par la police correctionnelle dans les campagnes annamites.

Un signe des temps, qui prouve plus que tous les faits ce changement regrettable dans les mœurs indigènes, c'est cette soif générale de justice que nous constatons dans certaines régions.

Il suffit qu'un tribunal paraisse au fin fond de la brousse, pour que des centaines de familles, naguère paisibles, trouvent matière à procès et à contestations. La province de Baclieu fournissait, il y a cinq à six ans, quatre ou cinq procès aux juridictions voisines. Depuis que le tribunal y fonctionne, nous disait un administrateur des affaires indigènes, les juges sont sur les dents. Tant mieux pour les avocats qui y trouvent toujours leur bénéfice. Je constate tout simplement un fait en passant.

M. Le Myre de Vilers dota, sans doute, la colonie d'une institution grandiose, mais il commit une grave erreur en procédant sans tempérament et sans gradation à la suppression brusque d'un état de choses séculaire, dont l'abolition demandait une étude plus sérieuse et plus approfondie. Une adaptation sage des lois françaises, combinées avec l'esprit du Code Annamite, aurait porté des fruits meilleurs, ...

Où s'arrêteront les progrès d'une désorganisation si triste? Quelles surprises réservent, dans un avenir prochain, au prestige européen, la mauvaise direction des esprits et la marée montante de *l'irrespect* annamite? C'est ce que nous verrons peut-être bientôt.

Dans tous les cas, il était nécessaire, à mon avis, de noter à grands traits la marche de cette évolution des sentiments d'une race foncièrement bonne, profondément respectueuse de l'autorité et de l'ordre établi. Un proverbe banal dit que les maîtres ont les serviteurs qu'ils méritent; notre rapide examen de conscience nous rappellera que la cause est chez nous-mêmes et le remède à la portée de notre main.

XI

LE TRAVAIL DE L'ARGENT CHEZ LES ANNAMITES

Le Maquis Annamite. — Les prêts sur récoltes. — L'usure Chinoise. — Les vautours de l'Inde. — Les antres de la rue d'Adran. — Le ramasse sous. — Le marchand de cercueils et le lépreux.

Côtés futiles du caractère annamite. — Le prix de l'argent. — Les crimes du vil métal. — L'épargne dans les villages. — Considérations philosophiques. — Ce qu'on voit dans une case annamite. — Le coffre-fort et la jarre ventrue. — Les billets de banque, etc.

Fermons, pendant quelques instants, les livres de nos lois européennes et laissons dormir en paix, dans leurs casernes et sur leurs sièges, les gendarmes et les justiciers.

Dans la forêt de Bondy annamite, au sein de laquelle nous allons pénétrer, l'usurier Chinois et le chetty indien vivent en bonne intelligence, à l'abri des coutumes indigènes et de la tolérance séculaire des lois.

Nous allons passer en revue, très rapidement, les divers canaux à la source desquels s'alimente journellement l'usure annamite et nous aurons encore la preuve évidente d'une vérité philosophique célèbre, dont l'expression se résume en trois paroles : *vérité en deçà, erreur au delà.*

Ce qui, en effet, pourrait paraître criminel sous nos latitudes occidentales, devient honnête et légal en Extrême-Orient.

Peut-être, avant d'aborder l'étude complexe du travail de l'argent dans les masses populaires, aurions-nous dû parler de l'épargne annamite et du système économique familial, mais cette partie de notre étude nous entraînerait trop loin aujourd'hui ; nous la réservons donc pour un chapitre suivant.

Avant l'arrivée des Français en Indo-Chine, le crédit commercial était chose inconnue en Annam, du moins dans le sens que le comprennent les nations civilisées.

Les enfants de l'Annam n'avaient pas encore franchi la période moyenne de leur évolution ethnique, qui chez tous les peuples de l'univers se divise en trois phases bien définies : la période pastorale, la période guerrière et, enfin, celle qui couronne les deux autres et qui voit éclore les formes multiples, sous lesquelles se révèlent la civilisation et le progrès. Les Annamites parcouraient la phase moyenne de cette évolution quand les occidentaux vinrent, il y a quarante ans, arrêter leur essor guerrier vers le nord du Siam et du Cambodge.

Aucun groupement effectif des énergies civilisatrices, aucune association commerciale n'étaient venus donner de la cohésion à leurs efforts dispersés. Inférieurs en cela aux Chinois dont l'union résistante, dans un cercle relativement restreint, aidait au progrès de la masse totale, les Annamites ne savaient pas même jeter les bases d'une association mercantile, entre gens de la même famille ou du même district. On comprendra donc facilement, que l'échange des capitaux pour les entreprises commerciales ne soit pas venu à l'esprit de ces insouciants enfants.

Le prêt ne dépassait pas les étroites limites de la famille dans les villages peuplés, souvent, d'éléments consanguins très rapprochés.

On se prêtait de maison à maison, d'homme à homme sur garantie morale ou sur gages, à une échéance de quelques jours ou de quelques mois. Le jour où, au moment de la fondation de la Banque de l'Indo-Chine en 1874, les amiraux instituèrent le prêt sur récoltes, les bons petits cultivateurs annamites crurent l'ère de la richesse arrivée.

Dans ce mirage trompeur, qui souriait traîtreusement à cette race insouciante, bien des fortunes familiales devaient sombrer sans retour.

Les amiraux, cependant, ont rendu un grand service à l'agriculture indigène malgré les défauts nombreux d'une institution bâtarde, qui fit beaucoup de mal à ses débuts. Si les premiers emprunteurs puisèrent à pleines mains dans les coffres de la Banque, sans savoir si les récoltes viendraient garantir leurs insouciants désirs, nous devons reconnaître aussi que les successeurs des premiers, devenus plus prudents, se sont assagis dans une certaine mesure, et qu'aujourd'hui les villages y regardent à deux fois avant de consentir un emprunt.

Ce système, quoique défectueux, a pris chez les habitants des campagnes annamites un mode salutaire de bon fonctionnement. Les prêts sur récoltes sont garantis par les villages, et des commissions nommées par les administrateurs des postes autorisent les prêts financiers remboursables (toujours sous la garantie des villages), par annuités, à un taux de 18 pour 100 par an ! Ce taux pourrait sembler énorme à certains bandits de la finance européenne, qui vivent dans une sécurité plus grande au sein de nos capitales, que le brigand corse au milieu de ses maquis. Il est cependant contrôlé par des lois bienveillantes, qui entendent, en cas de mauvaise récolte, l'arrangement et la transaction.

On va voir que, dans le sentier battu de la grosse usure, le 18 ou le 24 pour 100 annuel des banques européennes n'est que de la petite bière ou que de la Saint-Jean !.....

Sans sortir du prêt usuraire sur récoltes, contemplons le Chinois acheteur de grains, installé aux quatre bras d'un fleuve, dans un bateau confortable, un sac de piastres d'une main et un jeu de *baquan de l'autre*, attendant le client avec patience, sûr que le poisson mordra à l'appât.

Dès que les riz commencent à jaunir sur leurs tiges grêles, quand les grappes se dorent par endroits, indiquant au cultivateur que la saison s'annonce excellente, le Chinois parcourt les villages, amorçant les propriétaires en faisant sonner ses sacs d'argent. Quel est l'Annamite qui ne se laisse tenter? L'aubaine est si bonne, les moyens de rendre si faciles et si expéditifs. A quoi bon attendre la moisson pour prendre femme, pour marier un fils ou une fille, quand l'argent vient s'offrir tout seul?

Le Chinois prête alors à 60 pour 100 par an; que disons-nous? le capital en trois mois se double, car la récolte sur pied garantit l'emprunt.

Si l'Annamite ne rembourse pas en argent, c'est bien pire; pour une piastre, c'est trois ou quatre *ya* de riz qu'il doit fournir. La mesure, ou le *ya*, équivalant à un demi-picul et le picul de soixante kilogrammes, valant 1 $ 75 en moyenne, on voit avec les déchets et les pertes à combien lui revient son argent.

Ce n'est pas tout. Parfois le Chinois, toujours à l'embouchure des rivières, installe des jeux de hasard de toute sorte, et ce même argent qu'il a donné la veille, lui revient fatalement par un autre canal. Le riz lui coûte moins que rien, comme on voit; le fils du ciel a gagné son année. Sa jonque porte deux mille piculs et vaut moyennement huit mille francs en bonnes espèces sonnantes et trébuchantes.....

Souvent, nos lecteurs voient à la 4e page de nos feuilles de longues annonces judiciaires, relatant des actes de vente ou des saisies de récoltes sur pied. Qu'ils se rappellent, en les lisant, que ces factums sont écrits avec du sang et des larmes;

l'usure indienne, l'usure chinoise ont passé par là !

* * *

Le chetty, le banquier indien, lui, attend le client dans son antre ; contrairement au Chinois qui porte à domicile, il se dérange rarement. Nous entrons dans l'usure noire, les emprunts louches, qui sentent le crime d'une lieue. Et cependant, qui nierait que dans ce pays où le capital est une pierre rare, parfois le chetty, l'immonde prêteur d'argent, le roi de l'usure asiatique ne vient à point pour soulager bien des maux ?

C'est le pis aller, le remède *in extremis* des besoigneux, qui fait payer cher ses services. Il n'est pas un Français de Cochinchine, qui, de près ou de loin, n'ait fait connaissance avec le chetty.

Allez dans cette rue d'Adran et pénétrez dans une de leurs cavernes. Une odeur écœurante de moisi, une odeur de bouc, pénétrante, indicible, vous saisit à la gorge. Vous voyez dans une longue salle obscure, remplie de coffres, *Ali-Baba et les quarante voleurs*.

Surmontez votre dégoût et faites patte de velours au chef du sanctuaire, c'est-à-dire, essayez de sourire si vous pouvez. A vos côtés, de pauvres *Annams* loqueteux mendient du numéraire, ou supplient le chetty pour un atermoiement. On va vendre leurs biens dans quelques semaines et les champs de leurs pères vont disparaître dans le gouffre sans fond.

L'Indien reste impassible, il faut trois nouvelles signatures, ou l'exécution poursuit son cours......

Sur un billet que nous prenons au hasard, sur un des coffres bardés de fer devant lesquels les immondes prêteurs se tiennent par rangées, nous lisons avec amertume l'étonnante suscription que voici :

Nous soussignés (suivent cinq noms) paierons solidairement à partir du 5 janvier 1896, en cinq termes égaux échus, et tous les deux mois, la somme de cinq cents piastres, valeur reçue comptant. — Faute de paiement d'un terme échu, toute la créance devient exigible, avec un intérêt de trois pour cent par mois!

Ceci est écrit! Nous tenons, du reste, la pièce à la disposition de tout le monde et pour ne pas laisser égarer notre plume dans des appréciations par trop parlantes, nous nous abstenons de tout commentaire pour le moment.

Il appert de nos renseignements que l'Annamite n'a pas emprunté à trois pour cent par mois, ce qui est un taux légal et parfaitement reconnu par les tribunaux français de Cochinchine, mais bien à *cinq pour cent par mois* ! L'intérêt a été retenu par le banquier au moment du versement de la somme ; il s'ensuit que le pauvre Annamite qui paye *cinq cents piastres*, n'en a touché en réalité, pour dix mois, que deux cent vingt-cinq !

Je me demande si le lecteur qui me lit en France en ce moment ne me prend pas pour un fou.

Je dis la vérité, rien que la vérité, comme il sied à tout bon écrivain soucieux de sa réputation de la dire. Sur cent Français présents en Cochinchine, il en est, du reste, au moins quatre-vingts qui ont tâté du système indien, un jour de *dèche* ou de folie.

Les chettys sont la plaie du pays ; un gouvernement honnête et désintéressé devrait les expulser sans perdre une minute. Ces noirs vautours de la finance indienne, dont le seul travail est d'agioter et de remuer de l'argent, sont aujourd'hui possesseurs des plus fertiles plaines de *Caibé* et de *Mytho*, réputées comme le grenier d'abondance de notre Cochinchine.

Dans vingt ans, tous les arrondissements seront tributaires de leurs coffres bardés de fer.....

L'Annamite est trop insouciant, trop joueur pour ne pas se laisser influencer tôt ou tard par l'appât d'un emprunt, toujours facile dès le début. Les difficultés croissent en raison directe du total de la dette. Un cultivateur engrené dans ce système, victime inconsciente des pattes crochues de ces oiseaux de proie, est un homme perdu sans retour.

Le taux sanctionné par les coutumes des peuples varie donc avec les latitudes et le degré de civilisation. Les chettys sont les plus puissants auxiliaires des banques européennes, qui leur confient à coup sûr des sommes considérables, au taux de *un* et *un et demi pour cent par mois*. Ces bandits se chargent de faire fructifier le capital, au moyen de leurs méthodes, et il faut dire qu'ils le risquent bien rarement.

Tous ces rapaces, originaires de Bombay ou de Calcutta, sont sujets Anglais et relèvent du Consul britannique.

Commandités par de fortes maisons indiennes de l'Hindoustan, ils s'enrichissent rapidement et vivent pour quelques sous par jour, de viande de boue et de mixtures atroces. Leur maison, moins propre qu'une écurie d'animaux immondes, est l'image de l'abomination et de la désolation. Un estomac à peu près sain ne peut séjourner sans danger plus de dix minutes dans leurs antres, foyers de toutes les cultures microbiennes, de toutes les pestilences asiatiques. Aucun gouvernement n'a osé les chasser !.....

Au dedans du cercle familial, l'Annamite possède encore plusieurs systèmes d'usure, dont le plus connu est désigné sous le nom de : *Prêt à la petite semaine*, en usage de temps immémorial.

Mais ici la semaine se rapetisse au point de devenir un petit jour, dans la plupart des villages. Les femmes l'exercent surtout entre elles, dans les multiples exigences journalières du foyer. C'est le *Tien-goc* ou *ramasse-sapèques*. Les enfants sont chargés de cet office et ceux des maisons aisées, qui se livrent à ce petit commerce, vont chaque soir, de porte en porte, ramasser l'intérêt journalier. Une piastre donne deux et même trois sous par jour ! Les intraitables demandent aux payeurs véreux jusqu'à dix sous par piastre. Nous renonçons à calculer le taux fantastique de l'intérêt annuel.

Le prêt usuraire annamite épouse des formes innombrables, qui varient avec le genre de métier de chaque emprunteur. Nous avons connu un marchand de cercueils de *Cau-ong-Lanh*, près Saïgon, qui, ne pouvant payer ses créanciers en espèces, passa une année entière à fabriquer des bières de luxe, pour solder en nature deux prêteurs récalcitrants.

On sait que le cercueil est un meuble très décoratif en Indo-Chine et que les familles riches achètent d'avance cet ustensile de première nécessité. Aussi, les créanciers récalcitrants ne furent pas embarrassés pour si peu, et ils revendirent les cent trente caisses de mort à leurs amis ou à leurs proches.

Un autre débiteur, qui avait un lépreux dans sa famille, le fit venir de très loin pour le prêter à un créancier méchant qui voulait se venger d'un Annamite.

Il envoyait tous les jours le malheureux devant la porte de son ennemi, en lui enjoignant l'ordre de s'asseoir, sans mot dire, et comme la loi et la coutume exigent que tout lépreux ait droit à la pitié respectueuse d'autrui et ne soit molesté sous peine de châtiments effroyables, l'indigène vindicatif put se vanter d'avoir joué un bon tour à son voisin.

*
* *

Comment concevoir qu'avec tant d'ennemis acharnés à la perte de son modeste avoir, l'Annamite puisse sauver du gouffre du jeu et des dépenses inconsidérées le fruit de ses travaux et de son épargne familiale ?

On a dit, avec juste raison, que ce peuple se fait remarquer entre tous par son caractère futile et léger, par son amour excessif de la dépense et du paraître.

Cette accusation portée par des hommes sensés, parfaitement au courant des us et coutumes de l'Annam, n'est malheureusement que trop exacte.

Comme tous les peuples qui vivent sous les latitudes fortunées de la zone équatoriale, où la terre, peu avare de ses produits, offre sans peine ses trésors à ses enfants, où l'inclémence des cieux n'est pas à redouter de ceux qui souffrent, l'Annamite possède cette insouciance inouïe des choses de l'existence, qui va, parfois, jusqu'au mépris.

Le sol est si riche en produits de toute sorte, que la réserve et l'épargne sont pour lui une superfétation incompréhensible, qui trouve à peine place dans son cerveau.

Avant que la civilisation fut venue, avec son cortège de luxe et de superfluités, aiguiser les besoins de ces populations naïves, toujours riches dans une douce médiocrité, les Annamites de la Basse-Cochinchine passaient les trois quarts de l'année dans leurs petits villages, en fêtes religieuses à la pagode ou en réjouissances publiques agrémentées de représentations théâtrales, aux trilogies interminables, dont le dénouement arrivait après des semaines et des mois.

Au Cambodge, pays des plus favorisés sous ce rapport, l'homme rarement travaille. La femme seule et les esclaves occupés à la pêche et à la culture du riz fournissent, en quelques semaines, la subsistance de la famille ordinairement très nombreuse chez les pauvres gens.

Un Cambodgien ennemi du travail, qui passait ses journées à jouer du violon et de la musette et auquel je faisais miroiter les avantages d'une vie laborieuse, me fit un soir cette réponse sensée : « Pourquoi travaillerais-je, puisque ma femme et mes deux esclaves suffisent à m'assurer le nécessaire pendant la courte saison du riz. En quatre jours je prends assez de poisson pour fabriquer mes mixtures fermentées et mes salaisons pour toute l'année ; je me repose le reste du temps ! »

Au Laos, n'avons-nous pas vu les aborigènes refuser les pièces d'argent comme salaire et ne les accepter qu'en guise de cadeaux destinés à orner, sous forme de parure, le cou de leurs femmes et de leurs enfants ? Heureux peuples qui semblent avoir résolu le problème compliqué de la lutte pour l'existence, que nos socialistes d'Europe cherchent au fond de leurs songes creux !.....

Ce mépris de l'argent ne fait-il pas songer à ce qu'ont écrit certains philosophes qui ont proféré contre le vil métal, cause de tous les malheurs et de toutes les ruines, des anathèmes vibrants ?

Voyez ce que dit un célèbre écrivain, Hyuskmans, dont les livres ont fait tant de bruit dans ces derniers temps en France.

« Cette pensée ne s'est-elle jamais fait jour dans votre esprit quand, jetant un regard en arrière, vous avez songé aux douceurs de la vie heureuse et patriarcale, que la civilisation européenne est venue sophistiquer et transmuter sous bien des formes mauvaises chez les enfants de l'Annam ?

« Enfin la plus désarçonnante des énigmes n'est-elle pas encore celle de l'argent ?

« Car enfin, on se trouve là en face d'une loi primordiale, d'une loi organique atroce, édictée et appliquée depuis que le monde existe.

« Ses règles sont continues et toujours nettes. L'argent s'attire lui-même, cherche à s'agglomérer aux mêmes endroits, va de préférence aux scélérats et aux médiocres ; puis, lorsque par une inscrutable exception, il s'entasse chez un riche dont l'âme n'est ni meurtrière ni abjecte, alors il demeure stérile, incapable de se résoudre en un bien intelligent, inapte même entre des mains charitables à atteindre un but qui soit élevé. On dirait qu'il se venge ainsi de sa fausse destination, qu'il se paralyse volontairement, quand il n'appartient ni aux derniers des aigrefins, ni aux plus repoussants des mufles.

« Il est plus singulier encore quand, par extraordinaire, il s'égare dans la maison d'un pauvre ; alors il le salit immédiatement s'il est propre ; il rend lubrique l'indigent le plus chaste, agit du même coup sur le corps et sur l'âme, suggère ensuite à son possesseur un bas égoïsme, un ignoble orgueil, lui insinue de dépenser son argent pour lui seul, fait du plus humble un laquais insolent; du plus généreux, un ladre. Il change, en une seconde, toutes les habitudes, bouleverse toutes les idées, métamorphose les passions les plus têtues, en un clin d'œil.

« Il est l'aliment le plus nutritif des importants péchés et il en est, en quelque sorte aussi, le vigilant comptable. S'il permet à un détenteur de s'oublier, de faire l'aumône, d'obliger un pauvre, aussitôt il suscite la haine du bienfait à ce pauvre; il remplace l'avarice par l'ingratitude, rétablit l'équilibre, si bien que le compte se balance, qu'il n'y a pas un péché de commis, en moins.

« Mais où il devient vraiment monstrueux, c'est lorsque, cachant l'éclat de son nom sous le voile noir d'un mot, il s'intitule le capital. Alors son action ne se limite plus à des incitations individuelles, à des conseils de vols et de meurtres, mais elle s'étend à l'humanité tout entière. D'un mot le capital décide les monopoles, édifie les Banques, accapare les substances, dispose de la vie, peut, s'il le veut, faire mourir de faim des milliers d'êtres!

« Lui, pendant ce temps, se nourrit, s'engraisse, s'enfante tout seul, dans une caisse, et les Deux-Mondes à genoux l'adorent, meurent de désirs devant lui, comme devant un Dieu.

« Eh bien ! ou l'argent, qui est ainsi maître des âmes, est diabolique, ou il est impossible à expliquer. Et combien d'autres mystères aussi inintelligibles que celui-là, combien d'occurences devant lesquelles l'homme qui réfléchit devrait trembler. »

*
* *

L'épargne[1] et la réserve du lendemain, telles que l'entendent, dans leurs formes compliquées, les civilisations européennes,

1. Les femmes du peuple convertissent, la plupart du temps, leurs épargnes en matières d'or et d'argent, sous forme de bijoux.

Elles charrient, ainsi, à leur cou et à leurs bras, toute leur fortune.

Le capital reste de la sorte immobilisé et improductif, quand il ne finit pas par être dévoré par le jeu ou la mauvaise conduite.

Les Monts de Piété si florissants en Cochinchine et dont on rencontre des succursales dans les centres les moins importants sont les seuls à bénéficier de cette déplorable manie. Le désir effréné des bijoux et de la parure, chez les Annamites, donne aux compagnies qui exploitent les *Sociétés du prêt sur gages*, d'énormes bénéfices dont le gouvernement est, tout le premier, à profiter.

correspondent à un état d'âme, à une situation d'esprit très élevés, totalement inconnus des populations équatoriales.

Il faut donc se rendre compte de l'idéal et du caractère des peuples, pour bien comprendre le mobile qui a suscité ces sentiments. Il sera subsidiairement facile de constater pourquoi les Annamites ne peuvent se faire une idée bien nette de nos théories relatives à la mise en tas et à la préservation du superflu de notre richesse nationale.

Jamais la pensée de se grouper en sociétés, pour faire fructifier l'épargne, n'est venue à ces fils de l'insouciance, jamais l'idée que la terre exubérante pouvait un jour leur manquer n'a hanté leur cerveau.

Et tandis que chez leurs voisins les Chinois, les commerçants connaissaient (même avant les Européens) aux siècles derniers les multiples opérations de banque auxquelles donnent lieu les transactions des échanges et du rapport annuel du capital, les Annamites restaient rebelles, réfractaires à tout système, pour si simple fût-il, de la fructification pécuniaire ; ils en sont restés jusqu'à ce jour au simple prêt *ad manum*, de famille à famille, de voisin à voisin.

Du reste, ils ne peuvent acquérir avec

leur rudimentaire éducation économique la sensation très nette du rapport qui existe entre le capital et l'intérêt, lorsque les sommes accumulées et confiées à des tiers atteignent un certain chiffre. Ces enfants gâtés de la nature, pour qui la vie est une sinécure, ne comprennent pas qu'une somme de mille piastres soit placée sur l'État, avec un intérêt minime de 3 pour 100 l'an. Ici, le rapport entre l'idée qu'ils se font de la valeur du travail manuel et l'intérêt de ce travail accumulé est détruit en partie. C'est de l'usure à rebours que leur offrent les grandes maisons de placement d'Europe et ils n'ont cure de placements si peu rémunérateurs. Il est nécessaire de bien se mettre à la portée de leur caractère, de leur mode de penser et d'agir dans les relations de leur vie courante, pour en saisir le but pratique et le fonctionnement exact.

*
* *

Il reste à se demander ce que font de leur argent les capitalistes annamites, car il en existe beaucoup plus qu'on ne saurait le penser. Le bas de laine ou, plutôt, la jarre ventrue des vieilles *bayas* nous réservent bien des surprises.

Sans parler des maigres placements courants rapportant de gros intérêts, mais aussi très aléatoires, nous voyons les Annamites rechercher deux genres de valeurs immobilières, les rizières et la propriété bâtie.

Le commerce, presque nul chez eux, absorbe annuellement peu de numéraire. Mais la propriété foncière est limitée pour plusieurs causes, au premier chef desquelles nous devons mettre la difficulté des grandes entreprises agricoles, qui exigent, d'une façon presque générale, le morcellement. Nous en voyons l'exemple chez les grands propriétaires fonciers Annamites qui, à moins de jouir d'une haute autorité sur les populations, ou du prestige inhérent à leurs fonctions publiques, sont incapables de mener de front leurs vastes exploitations.

Le seul *Huyen-Si*, un des plus riches terriens de Cochinchine, fait gérer ses immenses rizières par trois cent soixante-quatorze fermiers ou tâcherons. On aura une idée de cette complication dans l'anecdote suivante :

L'année dernière, *le Huyen-Si* n'ayant pu se rendre sur ses terres de Tan-An, à cause de son état de santé précaire, se vit forcé de mander auprès de lui, dans sa maison suburbaine de Saïgon, tous ses traitants ou sous-traitants.

Savez-vous ce que lui coûtèrent tous ces déplacements en seuls voyages par la voie ferrée, (quarante à quarante-cinq kilomètres environ)? Trois mille sept cents dollars!

La propriété bâtie offre peut-être plus de garantie, mais la hausse et la baisse des maisons rend ces placements dangereux pour les indigènes.

Reste donc la fatale dépense, le gaspillage tentant des sommes amassées pendant une période de labeur difficile, ou, enfin, la mise en jarres des capitaux épargnés.

C'est dans ces récipients que se trouve, pour le moment, la presque totalité de l'épargne annamite; c'est là qu'elle va périr inactive, dans une infructueuse immobilité...

Sur les rives des nombreux cours d'eau qui enserrent la province de Cantho (une des plus riches du pays), dans un véritable réseau de voies navigables, des maisons coquettes, baignées de soleil, laissent entrevoir parmi les frondaisons touffues, au fond des bouquets de verdure, leur cadre inoubliable. A droite et à gauche des berges, c'est un défilé étrange de maisons cossues, habitées par les riches planteurs de l'arrondissement, par ceux qui comptent leurs revenus annuels par vingt et trente mille piastres.

Entrez dans une de ces tranquilles demeures; vous y serez reçu à l'européenne avec la plus large hospitalité. Au milieu de la chambre principale, un grand coffre-fort, système Fichet ou Bauche, du dernier modèle, dresse ses tôles luisantes de vernis. Presque toutes les maisons en possèdent. On n'est pas coté dans ces parages, si on n'a pas son coffre-fort !.....

C'est entre les quatre murailles de fer, bien à la portée de la main, trop facilement atteintes, quand le démon du jeu ou de la fête taquine les cerveaux, c'est là que passe et repasse, malheureusement sans y séjourner, le flot de l'épargne indigène.

En vingt ans, tout ce petit capital formerait des centaines de millions de francs.

Parfois, les maîtresses de maison, les belles-mères assagies par l'âge, mettent la main sur quelques sacs de piastres laissés par-ci par-là, à la traîne, ou sauvés du *baquan*. Et une belle jarre ventrue, bien fermée à l'aide d'un bouchon en bois dur, reçoit le précieux dépôt secrètement et rapidement confié à la terre. Des sommes énormes dorment ainsi dans les vases noires de la Cochinchine, inutiles, infructueuses, destinées plus tard à purger quelque rebelle hypothèque, ou à payer, en cachette, la dette d'un petit.

Les piastres gisent ainsi par millions dans les cachettes et souvent restent ignorées des héritiers. La vieille en mourant a emporté son secret dans la tombe ; dans cinquante ans, la jarre fera l'aubaine d'un découvreur de trésors.

Les Annamites qui confient les fonds d'épargne aux banques locales sont la minorité.

Ils n'ont pas confiance, disent-ils, et, outre que ces banques offrent peu ou point d'intérêt au déposant, les indigènes très ombrageux, pour la plupart, craignent de faire savoir qu'ils sont riches. La confiance ne se commande pas.

Cette crainte est si profondément enracinée dans les masses, les Annamites sont tellement fermés, à cet égard, à toute idée de progrès, que, préférant garder chez eux leurs trésors, ils affrontent inutilement la charge des soucis et des veilles qu'impose une telle surveillance.

Je connais la femme d'un préfet annamite,

aujourd'hui séparée de corps et de biens avec son mari habitant le Bas-Mékong en aval de *Tanchau*, qui possède dans sa maison de *Tan-dinh*, près Saïgon, *cinquante-quatre touques à pétrole remplies de piastres.* Chaque touque contient trois mille cinq cents piastres et cube vingt litres environ. Deux surveillants robustes font le guet devant la porte solide de la chambre, où sont enfermés dans des caisses en bois dur les dollars mexicains.

Cette femme étant en mauvais termes avec la plupart des membres de sa famille, par suite d'obsession continuelle de leur part, dit qu'elle vivra sans rien faire en tirant mensuellement la somme nécessaire de ses récipients. Cet argent placé à 5 pour 100 suffirait amplement à la sustenter et à sauver le capital du gaspillage. Mais, allez donc faire entrer ces idées dans la cervelle de ces naïfs.

Il n'y a pas bien longtemps que les billets de banque français, émis par la banque de l'Indo-Chine, circulent dans le pays. Pendant de nombreuses années après l'émission, les indigènes de l'intérieur refusèrent de les accepter; ils ne pouvaient comprendre le fonctionnement de cette opération.

Comme en un plomb vil, l'or pur s'est-il changé?

Comment peut-il se faire qu'un vulgaire carré de papier vaille cinq dollars, autant que les cinq pièces d'argent qu'il représente ?

Si les indigènes policés les acceptent, c'est que ces billets sont, à leur tour, reçus sans tergiversation à toutes les caisses publiques, mais la plus légère panique suffirait pour les chasser à jamais de la circulation.

Il est encore des régions où les billets sont nuls et non avenus. Il faut se munir de belles piastres sonnant bien, pour ne pas se trouver au dépourvu dans les campagnes.

Beaucoup d'Annamites (huit sur dix) n'ont pas encore saisi le mécanisme sur lequel repose la force de notre crédit financier ; ils s'imaginent que le gouvernement est un *coquin* qui leur a joué une belle farce. « Donner du papier pour de l'argent, c'est très fort tout de même, mais puisqu'on reprend ce papier il n'y a que demi-mal ! »

Je n'en finirais pas si je voulais épuiser la série infinie de ces réflexions ethnographiques, prises sur le vif de la race au sein même des grouillantes populations.

Oui, dira-t-on, mais où est le remède et qui pourrait l'appliquer ?

Ce mal est grand, il siège au plus profond des couches ethniques, au cœur même de la race. L'évolution et l'éducation, unissant de concert leurs efforts, feront avec le temps ce que n'arriveraient à produire jamais ni la contrainte, ni les armes!

Dans les chrétientés importantes de la Basse-Cochinchine et du Cambodge, les missionnaires ont tenté avec quelque succès de faire comprendre aux Annamites les bienfaits des associations commerciales, et sous leur œil vigilant, des sociétés pour l'exploitation des forêts et pour la pêche au grand Lac se sont constituées. Les chrétiens sont, en général, plus actifs, plus industrieux, plus faciles à grouper en un seul faisceau ; de là, la prospérité indiscutable de certains centres. Qui ne connaît les industries de *Culao-Gieng*, les soies et les magnaneries des rives du grand fleuve, à *Banam* ou à *Tan-Chau* ? Mais l'Annamite a le cerveau trop petit pour concevoir les avantages qui résultent du groupement des énergies commerciales.

Entre compatriotes du même endroit, ils sont incapables de s'entendre ou de s'associer. Ils se volent, ils se pillent avec un ensemble parfait, même entre gens de même famille. Leur malhonnêteté confine à l'enfantillage; elle prouve, par la puérilité des tours que se jouent les divers membres d'une association Annamite, qu'une lacune importante existe dans ces cervelles d'enfants inhabiles, toujours prêts à prendre la vie du bon côté.

Les Européens s'étonnent justement que parmi les plus intelligents sujets de cette race, il ne se soit pas trouvé dix énergiques pour fonder de vastes syndicats, des entrepôts gigantesques où le riz aurait son cours, comme à la bourse des grains. Et pourtant, quoi de plus facile aux principaux agriculteurs de *Cantho* ou de *Soctrang*, d'entreprendre une pareille tâche ? Que de centaines de mille piastres, que de millions passeraient de la poche des Chinois dans celle des Annamites !

Mais il ne faut pas perdre de vue qu'il est en ce monde des races inférieures, qui, tout en possédant une réelle valeur intrinsèque, sont destinées à être menées par d'autres, et qui portent au front la tare de la dépendance humiliante et de la soumission éternelle à la volonté du plus fort.

XII

UN MOT SUR LA FEMME ANNAMITE

La femme Annamite et la femme Chinoise. — Supériorité de l'Annamite. — Les sentiments de l'amour. — La littérature amoureuse en Annam.

Il faudrait avoir profondément pénétré l'âme du peuple annamite, avoir vécu pendant de longues années de la vie intime du foyer domestique, pour dépeindre avec véracité et exactitude les sentiments de cet ordre, qui germent, se développent dans ces versatiles et insouciants cerveaux d'enfants.

Nous entendons ne parler que de l'amour charnel, appétit des sexes, besoin intime de rapprochement, base fondamentale de la perpétuation de l'espèce. Du côté des sentiments altruistes, dont l'étude constituera un chapitre à part, les enfants de l'Annam ne le cèdent en rien aux autres peuples de l'Asie, disciples fervents du bouddhisme.

Les grands philosophes de l'Empire chinois dont les Annamites ont reçu la morale religieuse et politique ont développé, au sein des groupes déjà imbus de l'esprit de famille, ce faisceau supérieur des sentiments hautement altruistes, desquels se réclament les plus fervents sectateurs de Bouddha.

En ce qui concerne l'amour réciproque de l'homme et de la femme, l'Annamite possède une supériorité incontestable sur le Chinois. Pour ce dernier, l'idée de famille s'arrête au seuil du Gynécée, où la femme, instrument de plaisir, gémit dans un dégradant esclavage. La femme, dans la société chinoise, est une non valeur. Par une de ces aberrations étranges de l'esprit, les fils du ciel reconnaissent aux princesses du sang, aux régentes de l'Empire, une essence divine qui les place au-dessus des simples mortels; dans les affaires, la femme chinoise ne compte pas.

Pour quelle raison spéciale les Annamites qui, pourtant, ont tout reçu de leurs maîtres les Chinois : langue, littérature, philosophie, mœurs, usages et gouvernement, pour quelle raison les Annamites ont-ils voulu donner à la femme, à l'épouse, une place honorable et marquée au foyer domestique?

Pourquoi, enfin, laissant de côté tout esprit despotique et utilitaire, les *Giao-Chi*, réservant à leurs compagnes un degré hiérarchique, ont-ils préféré l'associer à la vie intime du foyer? De superficielles observations sur les conséquences du groupement initial en familles, fourniraient la réponse à cette question. Cet état de choses a dû exister anciennement chez les Chinois, mais la civilisation raffinée, basée sur un désir immodéré de jouir et de paraître, est venue probablement donner à l'idée primordiale une direction opposée.

Les femmes annamites, femmes légitimes et reconnues des riches marchands chinois de Cholon, n'ont jamais consenti à se plier aux dures exigences de cet esclavage. Pas une seule d'entre elles n'a pu soumettre sa progéniture à la barbare coutume des déformations : « Les pieds sont faits pour marcher et non pour suppurer, disent à leurs maris chinois les femmes annamites. »

Nous voyons donc qu'au point de vue de l'état social de la femme, les Annamites sont de beaucoup supérieurs aux Chinois.

Ce qui pourrait étonner à bon droit, c'est que ces êtres chétifs et souffreteux, enfermés pendant de longues années dans leurs tristes demeures, les pieds déformés, soumis à une éternelle torture, soient encore capables de donner le jour à des enfants robustes et bien portants.

Rappelons-nous que le mâle, chez le Chinois, est beaucoup plus robuste que la femme et qu'une sélection inéluctable régit la procréation. D'ailleurs, il est avéré que les Chinois, bien mieux au courant des lois de l'hygiène, cherchent à donner à leurs enfants mâles une éducation relativement soignée. Bien plus observateurs de la propreté et des soins journaliers de leur personne, ils possèdent incontestablement une certaine supériorité sur le gros de la nation annamite, sous ce rapport.

*
* *

Le sentiment de l'amour, en ce qu'il constitue de poétique et d'élevé, est inconnu des Chinois, tandis qu'il existe à un très haut degré chez les Annamites.

Le jeune Annamite trouve dans le commerce de sa femme autre chose qu'un assouvissement passager et inévitable des sens.

On fait rarement la cour à une fiancée sur les bords du fleuve bleu ou du fleuve jaune ; un Céleste, même très raffiné, comprendrait difficilement qu'un homme d'esprit se ravalât jusqu'à offrir l'hommage de son cœur à une jeune femme, dans le but de la conquérir. En Chine, on achète sa moitié comme on acquiert une maison ; on entre en possession de son bien de la manière la plus terre à terre, la plus naturelle du monde. La chose possédée ne vaut que contre argent sonnant et trébuchant ; très estimée si elle sait *faire* les garçons, très fortement dépréciée si elle pratique seulement l'art de faire les filles.

Il suffit de jeter un simple coup d'œil sur la littérature amoureuse de l'Annam pour se rendre un compte exact de l'immense supériorité de cet étrange peuple. Je dirai presque que le Français qui sent et qui sait observer s'y retrouve tout entier comme dans l'onde claire d'un lac d'argent, doré par les rayons des tropiques.

La littérature française n'a, sur ce point, rien inventé.

Sans doute, nous trouvons dans la légende chinoise des chapitres intéressants où la femme possède un principal rôle, où l'instrument de domination, de richesse ou de plaisir est donné en partage à quelque mortel heureux, d'une essence particulière. Mais, nous le répétons, les tendres sentiments au moyen desquels l'âme du jeune adolescent s'ouvre aux désirs naturels et inéluctables de l'existence, sont inconnus des écrivains chinois.

L'historien, le conteur, le poète du Céleste Empire semblent planer dans le vague nébuleux d'une morale purifiée dont les terrestres et charnels désirs sont reconnus indignes.

Le mâle chinois rencontre sa femelle sans aimer, dans l'acception propre et poétique du terme. Ils échangent mutuellement leurs besoins impérieux, tout en transmettant à leurs descendants le flambeau de la vie. C'est de l'amour commercial, utilitaire. La femme semble un mal nécessaire dont la société chinoise peut sans aucune gêne se passer, sauf dans les bateaux de fleurs.

Autrement affiné, large, poétique et savoureux est l'amour annamite.

Je voudrais pouvoir citer ici des fragments de littérature populaire, mais nos quatre feuilles n'y suffiraient pas. Je renvoie les annamitisants à la lecture des livres courants, des poèmes d'amour tel que le *Luc-van-Tien* et autres.

Je ne connais, pour ma part, rien de plus étrangement passionné, de plus pur au point de vue des sentiments profondément tendres. Une bonne traduction du *Luc-van-Tien* supporterait la lecture des amoureux en quête de sensations ardentes; le tout écrit en un style admirable, en une langue très châtiée. Ce poème est un petit chef-d'œuvre de sentiment.

Ecoutez la chanson du batelier, jetant aux brises des grands cours d'eau sa flamme d'amoureux, au bruit cadencé de la rame :

« J'étais pensif et triste. Rien ne pouvait distraire mon cœur. Elle passa, un matin, devant ma demeure solitaire et, comme un rayon de soleil, la joie est entrée dans mon cœur.

« Mais pourquoi a-t-elle disparu comme le jour qui s'efface? Serait-elle de chair comme ses sœurs voisines, ou est-elle un génie envoyé des régions célestes pour me torturer.....

« Je la cherche depuis une année, sans espoir de retrouver sa trace. Je suis comme le tronc d'arbre pourri qui vogue au gré des courants. »

Et encore : « *Thi-Qui!* pourquoi refuses-tu les vœux ardents et passionnés de ton frère? Me crois-tu incapable de t'aimer?

« Dans la petite maison que je ferai construire, parmi les arbres touffus de la berge, nous serons pauvres mais heureux !

« Quand tu étais toute petite, nous dormions ensemble sous la toiture des bateaux hors d'usage, sur le bord de l'eau. As-tu oublié le temps de notre jeunesse ? Pourquoi es-tu sourde à mes aveux ?

....

....

....

« Le vent qui emporte les feuilles mortes, emporte aussi, par-dessus la palissade jalouse, mes déclarations amoureuses. Elle m'aime, ô bonheur, mais ses parents sont plus durs que la pierre. Pourquoi, Ciel, ne l'avez-vous pas fait naître pauvre comme moi ? Je viens tous les soirs pleurer et gémir sous la palissade jalouse et je suis ravi de contempler, de loin, ses traits.

« Ses seins aussi ronds que des oranges de Chine sont aussi blancs que la bourre du ouatier (cai gon).

« A Govap, les filles sont belles mais volages ; elles préfèrent épouser les Européens (thang tay). »

Etc., etc., etc.,

*
* *

Terminons ce petit aperçu par une pensée consolante :

La France a eu la chance de tomber sur la race qui devait le mieux, entre toutes, adapter ses mœurs à nos institutions, si tant est que cette coercition aveugle d'un peuple civilisé puisse être maintenue durant une longue série de siècles.

L'Annamite, par un grand nombre de côtés, se rapproche de notre caractère ; il est volage, querelleur, quelque peu passionné en amour, ardent au combat, guerrier, insouciant. Quoique façonné par une discipline séculaire, quoique passif et obéissant dans le fond, il est très révolutionnaire dans la forme. L'histoire de ce peuple est étonnante.

La France a mis la main sur un magnifique domaine, habité par une race incontestablement supérieure à toutes celles que nous colonisons. La France peut enfin jeter sur l'avenir un regard plein d'espérance, si elle sait gouverner intelligemment le peuple le plus gouvernable du monde entier.

XIII

DOMESTICITÉ ET SERVITUDE

Les domestiques annamites au service des Européens. — Le voyou annamite. — Valets de chambre et cuisiniers. — Le voleur annamite. — L'art de voler en Indo-Chine. — Les Sociétés de secours mutuels. — Les dessous de la vie journalière. — La sanction pénale et la perte du respect.

Les multiples apports de notre civilisation au pays annamite doivent, comme bien on le pense, avoir profondément modifié certaines conditions de la vie courante, parmi les indigènes qui entretiennent des relations continuelles avec les Européens.

C'est surtout de la servitude, de la domesticité que nous tentons, aujourd'hui, de découvrir les dessous, en nous appuyant sur des faits d'observation précis et incontestables. Nos lecteurs pourront, comme nous, en surprendre l'évolution en pénétrant plus avant dans la vie journalière des Annamites qui s'agitent autour de nous.

Le boy annamite[1], qu'il vienne de la ville

1. Pour éviter toute recherche à nos lecteurs nous

ou de la campagne, entre jeune au service des Européens. Tous ces marmitons crasseux, tireurs de panka, ou laveurs d'assiettes, sont des bouches inutiles, des nombres en surcroît, tard venus dans les familles pauvres et dont le foyer domestique se délivre comme d'un fardeau.

Le cuisinier qu'une longue pratique des Européens a rendu habile dans l'art de la soustraction journalière, le domestique habitué à faire danser l'anse du panier, élèvent la jeune recrue dans le respect du chef de cuisine et dans le mépris du maître européen qu'il doit voler ou tromper de son mieux.

C'est le *sosie* de la clique sans pudeur et sans vergogne des domestiques haut placés

dirons que le mot *boy* a été emprunté à la langue anglaise. Rappelons, à ce propos, une aventure charmante arrivée à M. L., chef du cabinet du gouverneur général. L'homme de confiance de M. R. s'entretenait, un soir, avec les invités du palais gouvernemental, des difficultés de la langue annamite et des rares personnes qui sont parvenues à bien la prononcer : « C'est drôle, remarqua-t-il, voilà un bon moment que je cherche le mot *boy* dans ce dictionnaire franco-annamite et je n'arrive pas à le trouver ! ! Les auteurs oublient toujours quelque chose en composant leurs livres ! » L'assistance sourit discrètement et le plus courageux des invités fit poliment entrevoir à M. L. la véritable origine du substantif appliqué à nos domestiques.....

dans l'échelle de la confiance, c'est le paravent, le commissionnaire bon à tout faire, même à recevoir des coups de pied dans le derrière, sans se plaindre, sans protester.

L'éducation du petit *nho* est, d'ailleurs, rapidement faite. En charriant, tous les matins, le classique panier, d'étalage en étalage, à travers les dédales du marché, il apprendra vite l'art de voler le marchand, concurremment avec celui de tromper son maître.

Il saura, au bout d'un mois, que rien n'est plus facile d'aller au marché sans sou ni maille, quand la somme destinée à la cuisine a été perdue au jeu, ou oubliée sur le guichet minuscule d'une fumerie d'opium.

Le bambin, à douze ans, possède une connaissance de la vie qui pourrait, à bon droit, étonner un jeune homme européen ayant le double de son âge.

Dans les cuisines et les souillardes cochinchinoises, le vol, la duperie et le mensonge ont été élevés à la hauteur d'une institution.

Nous ne nous attarderons pas à citer les milliers et les milliers d'exemples courants aussi risibles que désolants de notre servitude indigène.

Autour du petit laveur d'assiettes s'agite

un ensemble vraiment remarquable d'intérêts divers.

Les vieux routiers de la casserole se servent du marmiton pour voler chez le patron, ou dans les habitations du voisinage. C'est lui qui fera le guet aux portes cossues, et qui, dans sa cervelle de loustic, remarquera par un entrebâillement dissimulé les allées et venues des maîtres confiants, tout en retenant le plan exact de la pièce à *refaire*. On se méfie toujours très peu d'un jeune enfant de dix à douze ans....

Bien entendu, dès que le coup est fait, le *nho* disparaît pour quelque temps, pour reparaître avec la sécurité ou l'oubli de l'entourage.

Les prétextes de cette fugue rempliraient les milliers de pages d'un grand *in-folio*. *Ma mère lui faire mort! Son père y en a beaucoup malas. Ly faire fête papa mama! ly malade cai bung* (mal au ventre). *Attends, ly allé faire chim chim Bouddha*, etc., etc.

Vous remarquerez qu'à la suite d'un vol important, des mutations se produisent toujours dans les servitudes environnantes. Le produit du crime, avant de trouver un endroit sûr, une cachette de tout repos, est passé par un grand nombre de mains indigènes.

Le voleur, le criminel solitaire est excessivement rare en Indo-Chine. La race a trop besoin, comme les enfants, de s'épancher, de communiquer ses mille impressions à l'amitié intéressée ou compatissante, pour garder, même pendant une heure, le secret le moins important.

L'ancienne législation défendait, immédiatement après l'arrestation, l'isolement de l'inculpé dans les prisons provinciales.

Les recherches de la sûreté et Sa Majesté très humaine la cadouille venaient toujours à bout des plus récalcitrants.

Dès qu'un crime possède plusieurs auteurs chez les Annamites, on peut dire qu'il est à moitié découvert. Le voleur, l'assassin solitaire ne peuvent même se flatter d'être à l'abri d'une investigation serrée de la part d'un agent indigène, pour peu que celui-ci veuille tout découvrir.

Parmi ces derniers, il en est de vraiment remarquables. Il faut avouer néanmoins qu'ils sont rarement encouragés.

Aussi se moquent-ils (et avec raison) des résultats plus ou moins sérieux de l'enquête judiciaire ; à quoi bon se créer des *histoires;* à quoi bon s'attirer des vengeances redoutables que les familles mettent souvent à exécution ?

*
* *

Il faut, toutefois, pour être juste, dire que le cuisinier est moins porté au vol domestique que le *boy* ou garçon de chambre. Le premier restant confiné dans son laboratoire est moins tenté que le second par les objets qui lui tombent sous la main. Il se contente de faire danser l'anse du panier, quitte à partager avec son comparse, plus directement à même de s'approprier la chose d'autrui.

Le *boy* vulgaire, cette plaie des habitations européennes, rumine toujours quelque mauvais coup.

Nous avons parlé, autrefois, des vastes associations, des sociétés secrètes formées dans un but semi-louable semi-odieux, que les va-nu-pieds entretiennent dans la banlieue saïgonnaise. C'est à ces étranges phalanstères que sont étroitement liées les vastes ramifications du vol, du crime et, surtout, de la prostitution [1].

Le quartier général de tous ces vauriens se trouve, la nuit, dans les rues écartées des

1. Voir nos études ethnographiques, dans le *Courrier de Saïgon*

faubourgs, où fleurissent, comme sur un fumier en décomposition, ces maisons de plaisir que la morale réprouve, mais que les mœurs tolèrent. La plupart y possèdent leurs logements attitrés.

Dans ces lieux tolérés, la tranquillité des domestiques est presque complète, garantie par les arrêtés locaux en usage, et aussi par une bienveillance parfois criminelle de la police des mœurs.

Les boys familiers des *bambous* ne sont-ils pas souvent de précieux indicateurs pour la police indigène ? Nous nous sommes laissé dire que ces intéressants voyous payent une redevance mensuelle à certains agents annamites peu scrupuleux...

Les maîtres, avons-nous dit quelque part, *ont les domestiques qu'ils méritent !...*

La loi annamite avait compris le rôle immense que joue au sein de la famille le serviteur, l'esclave mercenaire, qui faisait, pour ainsi dire, partie intégrante du foyer.

Les lois édictées contre le domestique infidèle sont autrement morales que cette série inextricable d'articles peinaux, où le tribunal peut, à son gré, découvrir ou annihiler le fait d'un abus de confiance.

La révolte manifeste du domestique contre

son maître était traitée chez les Annamites avec la dernière rigueur.

Sans doute, notre civilisation bienfaisante ne nous permet pas d'envisager la question sous un jour si draconien. Mais qu'on veuille bien mesurer l'étendue du mal que l'oubli de ce sentiment a causé à la population européenne.

L'immonde boy annamite, pénétré des droits imprescriptibles que lui donne le code, ne sait plus, aujourd'hui, respecter le Français.

Dans un moment de vivacité et pour des raisons qui auraient valu, autrefois, cent coups de bâton sur le derrière, le maître courroucé ne peut plus toucher un indigène, sans que le procureur de la République n'ouvre, aussitôt, une enquête dont les conséquences sont désastreuses sur l'esprit de la population.

La perte du respect aurait pu être compensée, tout au moins, par un sentiment de crainte. Ceux qui suivent avec intérêt le déroulement devant la correctionnelle des affaires judiciaires indigènes, savent par expérience avec quelle insouciance l'Annamite serviteur à gages affronte la barre de nos tribunaux.

Le boy connaît la loi. Il la discute avec certitude.

Il sait qu'il peut voler *cent piastres* à son maître et, qu'en cas de non réussite, la peine ne dépasse pas trois mois de prison.....

La prison ! Comme ce mot sonne doucement à l'oreille annamite ! Songez donc, le vivre, le couvert, le repos assurés pour quatre-vingt-dix jours. Et le boy vole toujours, avec la même désinvolture ; quand il sortira de la *centrale*, dix camarades et la *Société* elle-même viendront à son secours.

En plein Saïgon, dans cette rue *Carabelli* qui est une vraie Cour des miracles, une tourbe de futures recrues de *Poulo-Condore* vole, s'agite, initie les jeunes aux vices les plus dégradants.

Des disputes colossales s'organisent en pleines rues, à la barbe de la police indigène.

Ces voyous s'associent, se syndiquent, pour ainsi dire, et mettent en coupe réglée les femmes indigènes qui vivent ou servent avec des Européens. Cinq à six gaillards à mauvaise mine dirigent, actuellement, à l'aide des *petits nhos* dont nous parlions tout à l'heure, tous les vols domestiques qui se commettent dans les quartiers. Pendant les siestes tranquilles, à la tombée de la nuit et presque vers neuf heures, cette plèbe chante, crie, insulte, se bat aux portes mêmes des Européens. Les voyous annamites sont, comme nous, des hommes libres, ils ont pour eux le droit et personne ne peut les empêcher de hurler. Voilà où nous en arrivons.

Dans un pays anglais, et ici même, sous le gouvernement des amiraux, on n'aurait jamais supporté de pareilles choses.

L'irrespect annamite, le mépris des jeunes pour le Français, prennent des proportions extraordinaires. Dans cinq ans, ces gens-là nous bousculeront dans la rue.

Certes, je ne suis pas suspect sous ce rapport, car personne mieux que moi n'a su apprécier les véritables qualités de cette race. Mais je le dis parce que je suis habitué à observer les indigènes : Jamais, depuis bientôt vingt ans que j'habite l'Indo-Chine, je n'avais vu la honte de nos compatriotes atteindre un pareil degré. Le boy annamite protégé par le code est absolument l'égal de l'Européen, venu dans ce pays par la force des armes.

Dans les pays à races noires, la civilisation qui a pénétré depuis plusieurs siècles autorise, peut-être (??) cette extension du sentiment égalitaire. Ici, cette interprétation est non seulement une faute, elle est pour l'avenir de notre influence le plus terrible des dangers.

Si la magistrature s'endort dans cette tolérance coupable ; si la marée montante des vols domestiques n'est pas bientôt enrayée par de sérieux exemples ; si, enfin, cette crainte salutaire que donnait au mercenaire du foyer la loi annamite, n'est pas répandue à nouveau, parmi les masses, les domestiques indigènes finiront par nous rendre la vie intolérable. Je fais le pari qu'il n'existe pas dans toutes les maisons de la ville une seule serrure, pour si inviolable qu'elle puisse être, qui n'ait été au moins une fois essayée (sinon crochetée), par les domestiques indigènes au service des Européens.

Les indigènes honnêtes et fortunés sont, pareillement, atteints par ce triste état de choses, qui touche de si près à l'existence normale de la famille, à sa prospérité.

C'est ce respect du maître de la maison, dérivé lui-même de l'autorité paternelle, que l'exécrable interprétation de nos lois a détruit dans ce pays. Dans tous les temps, dans tous les lieux, le proverbe a possédé sa portée instructive.

De son étroite observance dépend peut-être le bonheur des populations.

Initium sapientiæ, timor domini !

*
* *

Il n'est peut-être pas de peuple au monde qui ait élevé plus haut l'art du vol et du pillage, et qui possède dans les couches profondes de l'âme un si pressant besoin de s'approprier la chose d'autrui. Pour bien comprendre le sentiment qui pousse dans cette voie l'Annamite démoralisé des villes et des campagnes, il faut pénétrer ses institutions familiales, sa vie journalière et chercher à connaître les instincts de race qui le font agir. Mais nous connaissons si peu les Annamites ! Combien de Français peuvent-ils se flatter d'avoir vécu à leur contact, de posséder suffisamment leur langue pour les comprendre ? Combien peu ont appris à les observer ?

Si le lecteur veut bien me suivre dans cette intéressante étude de mœurs orientales, nous allons pénétrer ensemble dans les bas-fonds de la société indigène, surprendre la trame des associations diverses qui enrégimentent les pâles voyous annamites, dont les noms remplissent les pages des rapports policiers.

Tous ces voleurs de nuit, crocheteurs de portes, éventreurs de murailles, toute cette tourbe de boys dégradés et habiles dans l'art du recel, obéissent à des chefs reconnus, capables d'exercer sur eux une autorité indiscutable.

Le voleur annamite est d'une habileté extraordinaire, d'une adresse étonnante qui confine presque à la prestidigitation.

En Europe, le malfaiteur rusé opère d'une manière bien différente ; une étude longue et difficile peut seule le mettre à même de vivre de son métier assez aisément.

En Indo-Chine, l'expérience du vol et du recel est promptement acquise ; le jeune éphèbe livré à lui-même est mis, en quelques semaines, au courant de l'art de vivre sans rien faire, par des compagnons plus experts et mieux entraînés que lui.

En France, le banc des accusés ne reçoit guère que des hommes mûrs, de vieux routiers nantis d'un opulent casier judiciaire ; le jeune imprudent qui s'est fait prendre et qui vient répondre devant les juges d'une escroquerie mal combinée, est une exception.

Les bancs des tribunaux Indo-Chinois voient, au contraire, passer toute la gamme des malfaiteurs en herbe, depuis l'âge le plus tendre jusqu'aux jeunes hommes prêts à se lancer dans le crime ou dans la vie. Les voleurs de nos centres urbains ne se recrutent guère que dans cette jeunesse dégradée, en présence de laquelle les lois sont souvent sans puissance.

Le voleur de profession habite la campagne environnante, ou le faubourg facile, surveillé par les agents de police de même race et de même sang.

Un voleur de nuit, appelé vulgairement *An-trôm* par les Annamites doit, avoir certaines aptitudes requises.

Il est d'ordinaire léger de corps, adroit de ses mains, fluet et maigre. Il doit, si les circonstances le réclament, pouvoir passer dans des trous d'une exiguïté invraisemblable, qu'il a mis une ou plusieurs nuits à creuser. Mais la qualité indispensable, c'est la sobriété jointe à la patience.

Quand il pénètre dans une maison de riche, le soir à la brune, quand il se faufile sous un toit entre le plafond et la couverture, il n'est pas sûr de ne pas rester trois jours blotti dans son coin, sans boire ni manger, avant le moment propice qui lui permettra de faire son coup.

Les Annamites accomplissent des vols incroyables, qui remplissent d'admiration les observateurs Européens.

A Dakao, faubourg de Saïgon, un homme rôde pendant huit jours autour de la maison d'un cultivateur riche.

Il pénètre tous les secrets, toutes les dispositions de la demeure, il connaît la place exacte des meubles et voit, surtout, où gît le bahut énorme, monté sur roulettes, dans lequel les indigènes renferment les valeurs. Aidé de deux compagnons, il perce, dans l'espace d'une nuit, un mur d'une épaisseur fantastique et, peu de temps avant l'aube, au moment où un sommeil de plomb plane sur la maison tranquille, il se glisse à l'intérieur.

Il ouvre le coffre au moyen d'une pince en acier et vole quatre mille dollars en bijoux ou en espèces. Personne n'a entendu, aucun domestique n'a bougé, pas un chien n'a aboyé pendant cette opération délicate. La police secrète découvre un beau jour la bande dirigée par un ancien ouvrier de l'Arsenal. Quinze vols importants en deux ans ont été son œuvre. Sans un modeste bijou annamite, surpris au bras d'une petite fille, les *an-troms* continueraient peut-être encore leurs exploits!.....

Les maisons en feuilles de palmier d'eau, vulgairement appelées *paillotes,* sont plus difficiles à percer, à cause du bruit produit par le bruissement tapageur des feuilles sèches.

Ici le voleur nocturne est forcé de tourner la difficulté. La grande traverse carrée sur laquelle repose la construction indigène sera évitée. Un trou creusé en sous-œuvre permettra l'accès de la demeure, où le voleur resté inconnu, trouvera chez le nommé *Tam-Leo, à Choquan*, une somme de quatre cents piastres en argent, en bijoux et en effets de toute sorte.

Un bruit insolite se produit-il à l'intérieur, le voleur disparaît en laissant une natte grise sur l'orifice de la percée souterraine, pour recommencer dès que les choses seront rentrées dans l'ordre, quelques instants après.

Les vols domestiques de nos boys Annamites ne sont que de la Saint-Jean à côté de ces tours de force.

Et notez bien que neuf fois sur dix, les voleurs restent inconnus. L'Administration judiciaire n'a jamais voulu employer les moyens nécessaires pour réprimer ces méfaits.

A *Tan-dinh*, un filou se glisse dans une maison aisée et se place à cheval sur une traverse de la charpente. Il a pu grimper sans être aperçu et les pâles lueurs des lampes fumeuses le garantissent contre les regards indiscrets.

Par malheur, un ami vient frapper à la porte vers dix heures. On parle, on converse, et la maîtresse du logis hèle un marchand de soupe ambulant.

L'ami allume une cigarette, et, dans l'éclair subit du phosphore, aperçoit le voleur juché tout en haut de la maison. Sans se déconcerter, il prend une échelle voisine et portant lui-même un bol de soupe au misérable : « Tiens, dit-il, voici de quoi manger, de peur que tu restes trop longtemps dans cette position. »

Le voleur, roué de coups par le propriétaire, est condamné à un mois de prison par le tribunal français !

Le jeune Annam apprend, dès les tendres ans, à se servir de ses mains avec une dextérité incomparable. Lorsque l'objet à *soutirer* se trouve dans une situation malaisée, ne lui permettant pas de faire un mouvement sans attirer les regards des personnes présentes, ses pieds lui sont d'un utile secours. Les Annamites ont, en effet, comme on sait, la faculté de se servir de leurs pieds pour la préhension des objets de dimensions considérables.

J'en ai vu plusieurs prendre, avec le pied droit, une bouteille de vin et la porter à leur bouche, dans la position assise. Quand par hasard une pièce d'or ou d'argent vient à tomber des mains d'un Européen, sur la voie publique, il n'est guère la peine de s'attarder à sa recherche, si un adroit indigène se trouve dans les environs. Et pourtant, personne ne s'est encore baissé, personne n'a esquissé le moindre mouvement dans un rayon considérable. Les pieds des passants Annamites ont fonctionné pendant un instant.

Les changeurs Indiens de la rue Catinat connaissent fort bien cette particularité de race. L'un d'eux me disait un jour, assis devant sa caverne minuscule : *Quand vous laissez tomber piastres devant Annamite, vous n'a pas loucsir les mains, vous bien regarder pieds !...*

Les plus jeunes marmitons savent ramasser une épingle et la tiennent en marchant, sans qu'il en paraisse, entre leurs doigts de pied.

Un domestique au service d'un officier *chipa* à ses patrons une superbe montre de femme et l'ayant placée à l'endroit préhensif invisible, il attendait qu'on le fouillât, en niant obstinément le vol. Le tictac du bijou décela sa présence, il ne resta plus qu'à lui faire ouvrir les..... pieds.

*
* *

Le nombre des vols a pris, dans ces dernières années, des proportions inouïes, à cause de la mansuétude des tribunaux correctionnels, et, aussi, de la facilité avec laquelle les malfaiteurs trouvent à faire disparaître le produit de leurs crimes.

Il existe dans la banlieue saïgonnaise des sociétés organisées de receleurs chargés d'écouler les bijoux et les marchandises. Les jeunes vauriens savent immédiatement, après s'être approprié un objet de valeur quelconque, à qui l'apporter pour en toucher le prix. Il est rare que le bijou soit vendu sur les lieux, ces sociétés possédant à Cholon ou dans les postes voisins des ramifications avec des compagnies de même acabit.

Elles ont leurs convoyeurs, commis-voyageurs, leurs experts et jusqu'à leurs fondeurs, habiles dans l'art de réduire en un lingot méconnaissable, l'or ou l'argent provenant d'un vol.

Du reste, presque tous les corps de métier sont solidement organisés en syndicats, et cela, d'une façon secrète, dont j'ai surpris en maints endroits l'étrange fonctionnement.

Dans certains postes de l'Ouest tels que Hatien, Baclieu et Soctrang, les Annamites citent des villages entiers où les habitants, depuis le maire jusqu'au dernier des manants, sont des receleurs attitrés et ramifiés aux nombreuses sociétés opérant à Cholon ou dans la capitale.

*
* *

Un des plus grands étonnements de l'observateur, au cours de ses études ethnographiques, est celui que produit chez les Annamites cette impuissance d'association pour le bien, compensée largement par une cohésion efficiente des groupes disséminés, lorsqu'il s'agit de s'unir pour un désordre quelconque. Il est constant pour nous tous, que deux Annamites sont inaptes à s'associer dans une affaire commerciale ; les deux associés se trompent mutuellement au second jour. Ce défaut capital, un des plus préjudiciables au progrès de la race, disparaît dans les couches sociales, si une action commune pour le mal est demandée à une étroite collectivité d'individus.

Un village tout entier s'entendra à merveille pour piller un convoi de jonques chinoises, ou pour pirater la maison d'un riche voisin. La discrétion sera même assez bien gardée, en cas de réussite. L'Annamite n'a pas son pareil sur la terre pour mentir ou nier avec obstination. Mais demandez à ce même village de s'associer pour accaparer le riz d'un centre agricole et s'assurer, de ce fait, des bénéfices aussi rapides que certains, le désordre et la zizanie ne tarderont pas à éclater au sein du groupe. Ils se traiteront tous de voleurs et se traduiront réciproquement en justice, au bout de huit jours.

Les malfaiteurs de Saïgon et de Cholon sont constitués en sociétés secrètes qui ont leur siège dans les faubourgs et les villages de la banlieue. Nous avons ainsi à Saïgon le syndicat des coupeurs d'herbe, la puissante corporation des cochers, la société des sampaniers et l'honorable association des rameurs de jonques. Je connais un honorable président d'une de ces corporations, qui vit sans rien faire de ses mains, l'esprit toujours occupé à surveiller les intérêts du groupe.

Toutes ces sociétés renferment naturellement du triste monde, mais le groupement les rend plus forts en cas de misère ou d'accident. Des domestiques peuvent rester des mois entiers sans travailler, sans pour cela se trouver dépourvus du nécessaire. Vous les verrez toujours heureux de leur sort.

Ils vivent, s'habillent, se logent aux dépens de leurs frères, dans la maison familiale desquels un petit coin leur est réservé. Le bol de riz de l'hospitalité est toujours préparé au foyer annamite. La faim et la misère n'ont pas en Indo-Chine le même sens qu'en nos brumeux pays occidentaux.

Souvent, la société se réunit chez un adhérent pour traiter une affaire importante. Il s'agit de rosser, selon toutes les règles, un riche mécréant annamite ou chinois, qui s'est signalé par des actes répréhensibles envers quelque membre de la corporation : Un coupeur d'herbe a été renvoyé sans être payé, un rameur a été dénoncé par son patron à la police pour un méfait imaginaire ou dérisoire, etc.[1]...

*
* *

Si la marée du vol et de la piraterie monte rapidement à l'échelle du désordre général en Indo-Chine, le mal en revient totalement à notre justice coloniale, appliquée sans discernement et en dépit de tout bon sens, codes français grands ouverts.

Les Annamites sont des enfants qu'il faut traiter comme tels (je ne saurais trop le répéter) sans avoir besoin du ridicule déploiement des lois européennes, incomprises des masses indigènes et créées pour des races mieux conformées.

Nous gâtons tout le bénéfice de notre administration ancienne, si pratiquement organisée par nos amiraux. La suppression du rotin et le complet abandon du code annamite désorganisent, au dire des indigènes

1. Dans les affaires graves de piraterie fluviale, on retrouve toujours quelque ancien domestique ayant servi chez des Européens. Les exécutions capitales étant devenues excessivement rares, les malfaiteurs qui n'ont déjà plus à craindre le *rotin* ne redoutent aucune sanction.

eux-mêmes, ce pays si facilement dirigeable et habité par une race pleine de qualités.

Le dualisme des pouvoirs administratifs et judiciaires, revendiqué par les anciens administrateurs de Cochinchine, fut, sans doute, en maints endroits, préjudiciable aux intérêts directs des indigènes, mais il avait du bon. On est passé trop brusquement d'un état de choses séculaire à une dissolvante façon de procéder. Les pouvoirs judiciaires séparés nettement des pouvoirs administratifs, seront encore pour longtemps une cause continuelle de conflits et de désordres sans nombre. Dans maintes localités arriérées, les indigènes ne savent plus de qui ils relèvent et ignorent souvent à qui ils doivent s'adresser.

XIV

LES NOMS DE FAMILLE EN ANNAM.

La famille et son chef. — La responsabilité morale devant la loi. — Les noms patronymiques et les prénoms. — Croyances superstitieuses.

La loi annamite avait peu cure de la personnalité des citoyens, en tant que partie intégrante de l'État ; elle pensait, avec raison, que dans le groupement effectif des sociétés, dans la cohésion morale des familles, résidaient la force et la vitalité de la nation.

L'homme des villes ni l'homme des champs n'avaient personnellement aucun rapport avec les pouvoirs publics. Leur entité relevait immédiatement de la famille ou du village,' personnes majeures devant la loi.

Le gouverneur de province ne connaissait que la famille et dans les relations quelconques d'un citoyen avec la loi du pays, le chef de cette famille, seul, devenait responsable.

Ce sentiment de la responsabilité familiale était si profondément gravé dans le cœur des Annamites, que le déshonneur d'un parent direct, poursuivi et condamné pour crime devant les tribunaux, rejaillissait moralement et matériellement sur la maison tout entière. Il suffisait, en effet, que le père, le fils, le gendre ou la femme légitime fussent reconnus comme tarés par les lois impériales, pour que tous les membres (solidairement et individuellement), devinssent responsables des dommages causés.

Personne n'osait murmurer contre un pareil état de choses dont la conséquence était peut-être la sauvegarde des sociétés.

La famille, exacte reproduction de la commune et du village, était administrée d'une façon semblable par un chef qui rendait ses comptes sous sa seule responsabilité.

Dans les recensements de l'Empire, les provinces étaient dénombrées par familles comptant un nombre approximatif d'individus : femmes, enfants, ascendants, parents et serviteurs en titre. Le nom du père résumait, en les prenant sous sa tutelle effective, les divers membres de la maison.

Ce tableau, légèrement esquissé de la puissance domestique, au sein des foyers de l'Annam, nous conduit à parler des noms et des prénoms en usage chez les indigènes.

Dans un pays où l'état civil est pour ainsi dire poussé à sa quintessence d'abréviation, il fallait un responsable dont le nom, s'étendant à toute la famille, garantît à l'État la conduite morale, le respect des coutumes de tous les membres du foyer. Et voilà pourquoi le père était muni de pouvoirs si étendus, dans l'ancienne législation annamite...

Plus tard, les familles issues de la souche primitive, devenant de plus en plus nombreuses et prolifiques, les législateurs déchargèrent peu à peu les chefs de leurs obligations, pour étendre le sentiment du devoir et de la responsabilité aux branches collatérales.

Le nom originaire resta cependant, englobant ainsi, dans une généralité peu étendue, les éléments secondaires des souches.

Le nombre de ces familles étant très petit à l'origine, il s'ensuit que les noms sont, partant, fort restreints, relativement à la population entière.

Les *Nguyên*, les *Trang*, les *Ho*, les *Tong*, les *Huynh*, les *Song*, les *Trieu* et une douzaine d'autres noms génériques forment la masse globale des patronymiques en Annam.

Les indigènes portent toujours plusieurs noms qui figurent sur leurs feuilles civiles. Le père Tran-ba-Loc aura un fils du nom de Tran-ba-Tho. Tran-van-Bieu sera fils de Tran-van-Ngo.

Le premier de ces appellatifs est le nom de famille, le deuxième celui d'un groupe s'y rattachant ; le troisième constitue le prénom changeant, que prennent sans exception tous les Annamites.

Ce dernier varie toujours, l'autre peut changer mais reste, d'ordinaire, invariable ; le premier ne varie jamais.

Ce terme moyen de *van* est commun aux mâles ; les femmes prennent celui de *thi* qui correspond au titre de madame ou mademoiselle.

On aura ainsi *Tran-thi-Dung*, sœur de *Tran-van-Loc* ou de *Tran-ba-Tho*.

Il semble parfois que dans la vie journalières des villes, les domestiques annamites changent de nom avec la plus extrême facilité. Un cuisinier qui vient de purger six mois de prison s'empressera de prendre un autre prénom, pour dérouter les poursuites ou se refaire une virginité morale devant les Européens.

Pour éviter les confusions préjudiciables à nos compatriotes, nous allons donner quelques explications.

Les enfants, à leur naissance, reçoivent tous un numéro d'ordre, qui part du chiffre 2. Le numéro 1 étant réservé, par respect, au père et à la mère, l'aîné des garçons ou des filles s'appellera *Thang-Hai* ou *Thi-Hai*.

La série se continue naturellement, en suivant les chiffres de la première dizaine. Il existe donc, dans les familles : le petit n° 7, n° 8 et 9; le petit n° 4, et ainsi de suite.....

Ce numérotage familial, les Annamites le conservent jusqu'à la mort. La femme en s'adressant à son mari lui dit très affectueusement : « D'où viens-tu, chenapan de frère n° 6?[1] »

Dès leur plus jeune âge, les petits reçoivent encore un autre nom, qui est accolé au numéro d'ordre, quand arrive l'existence

1. Dès que le onzième enfant arrive, on lui donne le nom de *Hut*; puis on recommence la dizaine en différenciant les aînés des cadets, *thi hai nho; thi hai lon.*

La fille n° 2, petite et la fille n° 2, grande...

Au Tonkin les filles aînées commencent la série par le n° 1 et s'appellent *thi Ca* l'aîné, la première de toutes, etc...

adulte. Mais ce prénom, ce petit nom familier est seulement réservé à l'âge tendre, par les proches de l'enfant.

Dès qu'il devient un petit homme, l'Annamite entend être numéroté, avant son prénom.

Les habitants de l'Annam ne possédant pas, dans leur calendrier, les noms des saints catalogués au martyrologe, c'est dans la série la plus commune, la plus vulgaire que les noms de baptême sont recherchés.

Dans la nomenclature animale, les Annamites choisissent les noms des grands félins ou des animaux connus par leur force ou leur courage.

On nommera le jeune aîné *Thang-Hai*, n° 2 dans la famille, tigre, panthère ou éléphant. Les noms d'oiseaux sont presque toujours réservés pour les filles!

Dans la série sentimentale abstraite, les prénoms d'honneur, de courage, d'amour et d'espérance sont, la plupart du temps, dévolus aux enfants des riches, dont les ancêtres sont fameux par leurs exploits.

Aucun substantif, pour si commun, pour si bas qu'on le suppose, n'échappe aux baptiseurs du pays d'Annam.

Ici, vient se placer une croyance superstitieuse que nos lecteurs apprendront avec intérêt.

Les Annamites admettent que chaque être humain reçoit, en venant au monde, la protection des esprits. Parmi ces derniers, les uns sont bons, les autres de qualité inférieure et même mauvaise.

Toutefois, les bons anges sont, presque toujours, les protecteurs des petits enfants.

Lorsqu'un bébé est beau, bien fait, et, surtout, blanc comme neige, les mères croient que les esprits célestes sont jaloux de leur enfant. Ils ne manqueront point, selon toute probabilité, de jeter des sorts au petit, pour le faire mourir et le prendre ainsi dans leur royaume.

En Annam, comme en Europe, le philosophe affirme que ceux qui meurent jeunes sont aimés des dieux !

Alors, pour détourner ces esprits purs, pour faire du petit être un objet de répugnance et de dégoût, les parents vont lui donner un prénom obscène, pris parmi les parties les plus honteuses du corps.

L'enfant rayonnant de beauté et d'innocence recevra l'anatomique appellatif de *vagin*, de *pénis*, ou de *testicule*.

Je demande, ici, très respectueusement

pardon à mes lecteurs et lectrices, mais, je suis d'avis que la vérité toute nue ne saurait offusquer.

Elle vient sous notre plume toute ruisselante des eaux pluviales qui tombent en perles d'or sur la margelle du puits !

« Petite *tortue*, dit la mère à la jeune enfant, garde bien ton petit frère *testicule* !..... »

Le canard, la poule, le chien, la tortue, le serpent cobra, le python, le crocodile et jusqu'à l'animal immonde, le cochon, contribuent à enrichir les colonnes des noms patronymiques, dévolus par la famille aux jeunes indo-chinois.

Les sobriquets sont assez rares chez ces peuples et n'affectent que des difformités corporelles, comme la claudication ou la cécité.

On voit qu'il est relativement facile aux Annamites de changer de nom, surtout dans la série numérique. Dans la vie ordinaire et en dehors des actes publics, le nom de famille n'est jamais prononcé. Il est donc prudent de garder les livrets des domestiques et la photographie qui y est adjointe presque toujours.

Heureux peuple ! Au sein de l'indifférence

où vivent ces enfants insouciants de l'existence, que peut bien être un nom de famille rivé sur les registres de l'état civil?

Oh! Combien peu émus sont les petits Annamites devant ces grands noms de haute noblesse, ces raisons sociales sonores, ces signatures orgueilleuses qui dans la vie constituent simplement des embarras, des ennuis et des assujettissements incompatibles avec ce sentiment de liberté et de franche insouciance, qui est le fond du caractère des enfants d'Annam!

XV

INFLUENCE DE LA RELIGION CHRÉTIENNE EN BASSE-COCHINCHINE

La religion chez les Annamites et chez les Cambodgiens. — Réussite en Annam, échec complet au Cambodge. — Les causes de cet échec. — Les descendants des Portugais. — Les transfuges du catholicisme. — Une pensée consolante.

La religion de Jésus pénétra, presque en même temps, par les bouches des grands fleuves de l'Indo-Chine, au Cambodge et en Annam. Il est curieux de voir de quelle façon le système religieux a prospéré dans ces deux pays et quelle sorte de réaction a produit son développement au sein des masses.

Quand le christianisme paraît dans les murs de la capitale annamite, les sectes philosophiques de Hué s'émeuvent, les savants commentateurs de Confucius font agir le ministre des rites, qui a la garde des saines traditions de l'Empire ; l'aréopage du royaume qui siège au palais impérial se réunit, pour envisager la gravité du cas.

L'ennemi s'est introduit dans la place, l'héritage philosophique et religieux, ébranlé dans ses bases, menace de crouler devant les efforts dispersés d'une poignée de prêtres qui comptent déjà, dès la première année de leur ministère, plusieurs milliers de néophytes chrétiens.

Et le sang coule dans les prétoires, les martyrs meurent dans les prisons de la capitale, ou perdent la tête sous le sabre du bourreau. Les édits proclamés sur toute la surface du territoire ordonnent la chasse des missionnaires et, par suite, l'extirpation d'une secte étrangère, venue par surprise des pays d'Occident.

Au Cambodge, l'aspect est bien différent. Les missionnaires portugais installent leurs chrétientés avec la sécurité des marchands de même nationalité, qui, avec l'autorisation du roi des Khmers, fondent des comptoirs sur les bords du fleuve.

Personne ne s'inquiète d'eux, personne ne les moleste; aucun édit ne fait verser le sang chrétien dans les prétoires, aucune chaîne n'entrave les pieds des néophytes dans les prisons d'Oudong ou de Phnompenh.

La population autochtone reste entièrement indifférente, opposant à ce déploiement de fêtes, d'érections de cathédrales, de prédications et de pompe religieuse, la plus insurmontable force d'inertie.

Le roi cambodgien sait que son auréole de Chef spirituel du royaume n'est pas menacée ; le bonze dans sa pagode regarde avec cet hébétement séculaire, dont l'héritage ancestral pèse sur sa tête, les efforts frustes d'une nation étrangère cherchant à faire prévaloir son prosélytisme inutile au milieu d'un peuple inconvertissable et trop imprégné des doctrines nationales.

Dans ce pays des Khmers, la portion lettrée et savante du royaume, celle qui sait lire dans les livres, se groupe autour des pagodes pour venir sans cesse se réchauffer au contact des croyances héréditaires, maintenues pures de tout mélange avec un soin jaloux, par les bonzes des monastères.

Mais que sont donc ces croyances ? Saurons-nous dégager de ces quelques douzaines de livres noircis par les âges le système religieux enseigné dans les bonzeries ? A part trois ou quatre livres de morale familiale, le *Chhbab sref* et le *Chhbab crôm*, la Loi des femmes, la Loi de la famille, du prince, la Loi de justice, par exemple, l'enfant et l'adulte passent leur temps à déchiffrer des satrâs ou livres sacrés, inextricable mélange de légendes, où, à travers les brillantes traînées laissées par le passage de l'histoire, nous ne trouvons que de nébuleuses expositions de cosmogonies antiques, de louanges et de chants de gloire à l'adresse des trinités indoues.

L'idéal qui remue les peuples jeunes a disparu à l'horizon, pour ne jeter que de temps en temps des lueurs passagères.

Le khmer est écrasé par ce double système religieux et politique, qui ne lui permet plus de sortir du premier sans tomber dans le second.

Et si, dans les pagodes, il lit peu de préceptes de morale, il sait que le manquement aux préceptes généraux que régissent la religion ou la famille, lui valent dans ce pays d'autocratie et de servitude inéluctable un exemplaire châtiment. C'est la morale de la peur, exercée dans tout ce qu'elle a de plus épouvantable. C'est l'obéissance passive, la crainte du maître poussée dans son extrême réalité.

On comprendra que, dans un pays où la

liberté individuelle est extrêmement rare et où l'homme, dans n'importe quelle situation, est asservi par quelque côté, on comprendra facilement, dis-je, que la religion catholique qui demande les coudées franches à ceux qui l'embrassent, n'ait pas eu, au Cambodge, un succès bien marqué.

On a parlé de la polygamie comme ayant été la plus grosse pierre d'achoppement de ce système, mais nous démontrerions facilement que si la pluralité des femmes est un obstacle à l'observation du culte, cette coutume a été vaincue sur plusieurs points du territoire annamite, avec succès, par les missionnaires Français.

Les bonzes de l'Occident, comme disent les Cambodgiens, n'ont donc eu en fait de néophytes dans leurs chrétientés Khmères, que les Annamites groupés autour des églises par les premiers missionnaires, et aussi les rejetons des anciens Portugais.

Parfois, en se promenant dans les rues de Phnompenh, le voyageur dévisage un indigène au teint moins pâle, au nez plus droit et aux yeux moins bridés. Son maintien, sa démarche, son allure générale, enfin, reflètent quelque chose d'intelligent et de remarquable, qui tranche d'une façon visible sur la foule des passants.

C'est le *Hoalland* (*Hollandais*) ainsi appelé par les Annamites, parce que les premiers Européens débarqués sur ces plages furent des *Hollandais*. Les Portugais vinrent plus tard les remplacer aux bouches du Cambodge, mais l'ancienne dénomination persista dans l'esprit de ces populations naïves, pour lesquelles les subtiles différenciations de races n'ont pas d'importance bien marquée.

Ces Portugais qui amenaient avec eux leurs marchands, leurs soldats et leurs missionnaires, fondèrent tout le long du Mékong des chrétientés florissantes et firent naturellement souche dans le pays. Les enfants qui naquirent de leurs unions avec les femmes du pays ont gardé leur demi-nationalité par une sélection matrimoniale, qui n'est que la conséquence de leur religion.

Avec le temps, cette race s'est affinée pour former un petit groupe homogène, dans le *substratum* duquel certaines qualités de beauté physique, de caractère, de sentiments se retrouvent en général. Ces nobles fils des Portugais, au nombre de douze à quinze cents aujourd'hui, ont conservé jusqu'à leurs titres de noblesse.

On trouve dans les administrations du Cambodge des *Col de Montéiro*, des *Antonio Lopez*, des *Arr d'Abreo*, des *Maria-Pia*, des *Almeida-Gozenes*, des *Pedro-Madeira*, des *Marco-Lôa*, et... saluez !!... jusqu'à des *Comoëns!!*

Le dernier descendant de cette illustre famille de navigateurs vivait encore il y a dix ans, au Cambodge ; son fils, bien qualifié de traits européens, fut un de mes petits élèves à l'école du roi. Il disparut un jour avec sa mère du côté de Soctrang, pour retomber, sans doute, dans le gouffre immense des banalités de la race et pour se fondre au sein de la généralité.

Camoëns vint, comme on sait, faire naufrage avec son navire, aux bouches du *Cambodge*. Poussé jusque sur la côte inhospitalière de Baclieu, il fut recueilli par des pêcheurs annamites de *Camau* (un nom étrange pour un linguiste, dans la circonstance) et reconduit en barque, à travers les fleuves, jusqu'au premier comptoir portugais établi à Mytho qui, disent les annales, se trouvait, à cette époque, sur les bords de la mer.

Cette digression historique peut être d'un grand intérêt pour nos lecteurs, mais elle ne doit pas nous faire oublier le but de notre étude.

Nous retournons à Hué où nous retrouvons la capitale plongée dans les études philosophiques. La morale très utilitaire, très élevée de Confucius et de quelques autres fondateurs de systèmes, est connue du plus grand nombre. Au lieu de se perdre dans l'étude abstraite des cosmogonies religieuses, le but palpable, réel des études annamites, consiste à donner à l'homme une individualité propre à l'affranchir, par l'habitude du raisonnement, de la servitude où l'ignorance tendrait à le confiner.

L'Annamite raisonne, il est homme, il a supprimé l'esclavage, et l'école rationaliste, à la tête de laquelle se trouvent les premiers mandarins de la couronne, nous laisse deviner la réaction puissante que dut produire, sur ces esprits raffinés, l'exposition de la morale chrétienne, dégagée des entraves du culte et de ses légendes sémitiques.

Il fallait donc que le sang coulât sur les places publiques, que les tigres broyassent les os des premiers chrétiens. Sans ce sang qui pénétra bouillonnant et rougissant dans les masses, jamais le christianisme n'aurait réussi. Pas de succès sans lutte, pas de victoire sans combat. Le martyre d'un millier d'Annamites fit plus pour la pénétration de la religion occidentale que vingt ans de pacifiques efforts. L'histoire nous apprend que toutes les grandes causes dont le succès doit avoir un effet capital sur les générations futures, ont nécessité l'immolation d'un nombre important de sacrifiés.

Les grandes découvertes de la science, aussi bien que les systèmes philosophiques appelés à régénérer le monde, ont toujours réclamé l'hécatombe sanglante que les annales inscrivent plus tard au frontispice de l'histoire des nations !

Réjouissons-nous, nous autres Français, que, pareillement à toutes les causes qui, sous des prétextes divers, ont amené les occidentaux sur ces plages, celle qui nous a attirés en Indo-Chine nous ait permis de bénéficier de ces premiers efforts,

Toute question religieuse à part, nous sommes redevables du présent au sanglant passé, où tant d'efforts inconnus scellèrent alors notre future présence ! ! !

*
* *

Je n'ai pas à faire ici l'historique de la religion chrétienne en Indo-Chine ; nos lecteurs trouveront des documents autrement importants dans des ouvrages spéciaux. Il était, cependant, utile de marquer ce mouvement étroitement lié à l'histoire des premiers jours de la conquête française, car il ne faut jamais oublier qu'une vulgaire question religieuse nous amena dans ce pays.

Nous venons donc de voir quelle différence d'accueil éprouva l'importation de la religion nouvelle ; il nous a été facile de constater que c'est précisément le pays qui devait violemment réagir contre elle, qui en a été le plus profondément imprégné. Dans vingt ans, les missions compteront deux millions de chrétiens en Indo-Chine.

Il resterait à savoir si le peuple vaincu a trouvé à ce contact régénérateur une amélioration notable de sa morale et de son caractère. La question peut se poser d'une façon bien simple : le christianisme a-t-il rendu les Annamites meilleurs ?

Sans parler des éminents services que les missionnaires français ont rendus à la civilisation universelle, soit en préparant nos voies futures, soit en pesant sur les conseils des divers monarques, pour rendre plus efficace et plus humain leur gouvernement, l'esprit le plus prévenu doit répondre par l'affirmative. Sans doute, il reste quelques subtiles rectifications à faire pour certains indigènes, dangereux transfuges et voués au mal par une tournure spéciale du caractère et de l'esprit. J'en dirai un mot avant de clôturer cette étude, mais, en général, mes observations personnelles sont catégoriques sur ce point. L'Annamite chrétien (je parle de celui sur l'âme duquel l'hérédité a pu produire une série de qualités acquises) est de beaucoup supérieur à la masse de la population.

Physiquement il est plus apte à la lutte, le contact salutaire qu'a subi sa civilisation primitive l'a rendu plus fort. Plus pénétré de ses droits, il respecte ceux des autres, il sait se grouper efficacement et donner à ses voisins entièrement dépourvus de tout esprit de société et d'initiative, l'exemple de l'union qui fait la force et de la mise en commun des énergies qui enrichit.

C'est un fait prouvé dont j'ai la certitude, les centres chrétiens sont commercialement plus prospères, dans les pays riches de l'Ouest.

La sélection devait aussi faire son œuvre au sein de ces sociétés restreintes et un peu renfermées, obligées de choisir dans leur sein leurs femmes et leurs familles. La race s'est visiblement affinée et, avec des mœurs plus chastes et plus pures, la lente transformation du groupe nous a fourni des sujets originaux, que nous considérons comme les prototypes de la race. On ne saurait nier que les femmes des chrétientés sont beaucoup plus belles, et, que dans l'âge adulte, les mâles tranchent par une certaine beauté moins efféminée sur le gros de l'espèce, tout en formant un type à part dans la plupart des districts isolés. En général, leurs mœurs sont calmes et pures, leur physique se ressent toujours un peu de cette tranquillité de l'existence qu'ils mènent presque tous dans leurs villages chrétiens. Plus francs et plus courageux, quoique un peu timides, ils se sentent protégés par leurs missionnaires et, forts de leurs droits, ils savent les faire maintenir. La franchise est le lot du fort, c'est une qualité bien rare chez les nations orientales, où les peuples, asservis par un régime atrocement autocratique, sont habitués à cacher la vérité, à ramper devant le pouvoir qui les écrase, et à chercher mille détours pour taire les vrais mobiles qui les font agir. Je sais qu'on pourrait m'opposer un grand nombre d'exemples contraires, mais, comme je l'ai dit, je ne pense pas que l'observation générale soit infirmée de ce fait. Les pires des Annamites sont ceux qui, ayant été élevés dans la religion des Français, désertent leur drapeau, et abandonnent leurs premières croyances.

Poussés très souvent dans la voie du mal par de mauvais exemples, ils fournissent parfois à l'esprit sectaire d'un grand nombre qui ne raisonnent que par abstraction, les pires sujets d'une race facile à pervertir, à cause d'une certaine faiblesse naturelle du caractère.

Mais ces transfuges sont l'extrême minorité. Peut-être chez les femmes ce nombre serait-il plus important; toutefois, le cercle confiné qu'elles possèdent dans la vie domestique les empêche d'étendre au delà d'une certaine limite les effets pervers du mal.

Il resterait à établir une comparaison que j'ai trouvée, autrefois, chez un ancien Administrateur des affaires indigènes, dont les écrits font aujourd'hui quelque bruit en Occident.

D'après certains, les Annamites auraient de nombreux points de contact avec les Français sous le rapport du caractère. Cette remarque ne manque pas d'originalité ni d'intérêt.

Nous l'avons déjà dit dans un précédent chapitre et nous le répétons encore avec plaisir :

Très amateur de belle littérature, de beaux écrits, joueur et frivole dans le jeune âge, chevaleresque en amour, guerrier à ses heures, primesautier, batailleur et quelque peu révolutionnaire, l'Annamite ne nous donne-t-il pas (sans trop la forcer, sans doute) l'expression de toutes ces qualités, éminemment françaises ? S'il était possible de réunir en graphique les différentes courbes des sentiments de ce peuple, si, par un procédé quelconque, il était permis de les grouper en un faisceau et d'en étudier l'origine, peut-être trouverions-nous de quoi utilement employer nos loisirs dans une agréable étude...

Et c'est ce qui a fait dire que si les Annamites avaient eu pour maîtres les Anglais en Cochinchine, ils auraient été très malheureux sous bien des rapports. Leur caractère léger aurait dû se roidir à des lois de fer, à des coutumes nouvelles, que nous avons sûrement mieux su établir.

Notre génie national, notre cœur, notre âme tout entière s'est mieux accommodée qu'un autre peuple aux mille imperfections de cette nation frivole, en raison des nombreux points de contact de notre caractère réciproque, qui nous ont permis de nous mieux comprendre et de nous mieux aimer !

TABLE DES MATIÈRES

IX. — **La légende de la montagne de Tayninh.**

X. — **Les codes français en Indo-Chine.**

XI. — **Le travail de l'argent chez les Annamites.**

XII. — **Un mot sur la femme annamite.**

MACON, PROTAT FRÈRES, IMPRIMEURS.

www.ingramcontent.com/pod-product-compliance
Ingram Content Group UK Ltd.
Pitfield, Milton Keynes, MK11 3LW, UK
UKHW020110200726
13856UKWH00002B/469

9 782012 637467